KB123723

김구 읽기

세창사상가산책20

김구 읽기

초판 1쇄 인쇄 2021년 5월 3일
초판 1쇄 발행 2021년 5월 10일

—

지은이 문중섭
펴낸이 이방원
기획위원 원당희
편 집 조상희·김명희·안효희·정조연·정우경·송원빈·최선희
디자인 손경화·박혜옥·양혜진 **영 업** 최성수

—

펴낸곳 세창미디어

신고번호 제2013-000003호 주소 03736 서울시 서대문구 경기대로 58 경기빌딩 602호
전화 723-8660 팩스 720-4579 **이메일** edit@sechangpub.co.kr **홈페이지** http://www.sechangpub.co.kr
블로그 blog.naver.com/scpc1992 **페이스북** fb.me/Sechangofficial **인스타그램** @sechang_official

—

ISBN 978-89-5586-662-9 04150
978-89-5586-191-4 (세트)

© 문중섭, 2021

이 책에 실린 모든 사진은 〈백범김구선생기념사업협회〉로부터 제공받았습니다.

세창사상가산책 │ 金九

김구 읽기

문중섭 지음

20

세창미디어
MEDIA

백범 김구(1876-1949)

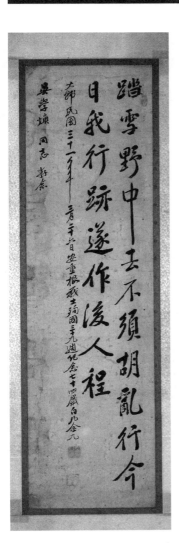

백범 휘호

머리말

백범 김구는 한국민족운동의 상징이다. 그의 삶은 민족의 독립과 통일을 위한 헌신으로 점철되었다. 그의 모든 언행심사言行心思는 진정으로 나라와 민족과 국민에 대한 사랑으로 채워져 있다. 자신과 가족은 나라와 민족에 비하여 언제나 뒷전이었다. 국가와 민족에 대한 그의 충성은 투철하다. 그의 삶은 위대하고, 그의 사상은 숭고하다. 백범이 그립다. 남산의 백범 광장에 있는 그가 보고 싶다. 왜일까? 다음과 같은 데에 연유가 있는 것 같다.

첫째, 많은 정치지도자들과 사회 지도층의 행태이다. 입술로만 국가와 국민을 사랑하는 정치지도자들, 국가와 민족과 공동체에 직접 간접으로 해악을 끼치면서까지 자신과 가족을 사랑하고 권력과 부에 탐닉하는 사회 지도층을 우리는 너무도 많이 보게 된다.

둘째, 민족분단의 지속이다. 민족분단이 반세기에 25년을 더해서 지나가고 있다. 자칫 민족분단이 깨뜨리지 못할 정도로 고착화되고, 당연지사가 될 수도 있는 현실이다. 아직도 민족통일국가 건설이 비원悲願인 채 미완으로 남아 있다. 더 이상 민족의 에너지를 분단비용으로 허비할 수 없지 않은가? 민족통일국가 수립을 위해 우리는 마음을 모으고 힘을 다해야 마땅하지 않겠는가?

셋째, 국가와 공동체에 대한 우리 개개인들의 인식 문제이다. 현대는 '국가화의 시대'이다. 국가가 우리의 모든 생활 영역을 관통하고 있다. 국가 및 공동체와 개인의 관계는 유기체와 그 부분(지체)의 관계와 같다. 유기체와 지체들, 지체들 서로는 상호 불가분의 관계 속에 있다. 그럼에도 불구하고 오늘날 우리들은 국가와 자신, 자신과 다른 사람들과의 유기적 관계를 망각한다. 물론, 각자의 자유도 귀중하고 개개인의 소유와 삶도 중요하다. 그러나 우리 개개인의 자유와 소유, 일상적 삶은 국가와 공동체를 떠나 존재할 수 없다. 이러한 인식에서 우리는 자신과 가족을 사랑하듯 국가와 공동체도 사랑해야 한다.

이 책은 이와 같은 문제의식에서 출발하여, 『백범일지』를 중심으로 백범의 삶과 사상을 살펴보자는 취지에서 쓰였다. 본문은 총 3개의 장과 부록으로 구성하였다.

제1장에서는 백범의 생애와 그가 살았던 시대의 상황을 간략하게 살핀다.

제2장에서는 『백범일지』를 통해 그의 삶과 대면해 볼 것이다. 여기서는 순수 사적인 그의 삶보다 공적인 그의 삶을 당시의 시대상황과 곁들여 살핀다. 제1절은 그의 출생과 어린 시절을, 제2절은 우국충정으로 지낸 그의 젊은 시절을, 그리고 제3절에서는 국권회복운동에 몸을 맡긴 그의 삶과 만나게 된다. 제4절에서는 임시정부를 이끌며 민족독립운동에 헌신한 그의 삶을 살펴본다. 참담하리만큼 어려운 상황 속에서도 임시정부를 지켜 내고, 오직 조국독립운동에 몸과 마음을 바친 백범의 삶을 조명해 본다. 제5절에서는 일본의 항복과 귀국을 즈음한 시기와 환국 직후의 그의 삶을, 제6절과 제7절에서는 귀국에서부터 서거에 이르는 백범의 삶의 궤적을 살펴볼 것이다. 이 과정에서 독자는 오직 나라와 민족과 국민만을 사랑하고, 그 사랑을 실천한 백범의 삶과 마주하게 된다.

제3장에서는 백범의 사상을 조명한다. 백범은 주로 한국민족독립운동의 상징으로 추앙받아 왔다. 백범에 대한 연구는 주로 그의 생애와 민족독립운동 그리고 민족통일국가 수립운동 등을 중심으로 이루어져 왔다. 그래서인지 사상가로서의 백범을 대하는 데 우리는 낯설어하고, 그의 사상에 대한 탐색도 많지 않다. 그러나 생사를 초월하는 그의 애국 애족적 삶은 자신의 사상 내지 철학에 기초하였다. 이러한 인식에서 여기서는 먼저, 제1절에서 그의 국가사상을 고찰한다. 백범이 추구한 국가는 자주적 민족국가와 대동주의적 민족국가, 신민주(주의)국가, 문화국가의 요건을 두루 갖추는 국가이다. 따라서 이들 국가의 의미와 기본 이념, 목표 등을 중심으로 하여 그의 국가사상을 탐색해 본다. 이 절의 내용은 『동양정치사상사』 제8권 2호에 게재된 「백범 김구의 이상국가론과 민족주의 그리고 세계화(1)」를 바탕으로 한다. 그러나 글의 내용과 구성을 많이 보완하고 수정하였다. 제2절에서는 백범의 민족주의사상을 살펴보고자 한다. 여기서는 그의 민족주의사상이 갖는 특성을 분석한 다음, 그것이 세계화와 세계화시대의 민족주의, 그리고 작금의 한국민족주의와 관련해 갖는 의의를

찾아본다. 이 부분은 『한국시민윤리학회보』 제24집 2호에 실린 「백범 김구의 민족주의사상과 세계화시대의 민족주의」를 초고로 하되, 구성과 내용을 대폭 보완하고 수정하였다.

부록으로는 우리 모두가 읽고 새기기를 바라는 마음에서 『백범일지』에 실린 「나의 소원」을 수록하였다. 「나의 소원」을 통해 우리는 나라와 민족에 대한 백범의 충정을 새삼 확인해 볼 수 있고, 그의 원대한 꿈과 숭고한 사상을 대면하게 된다. 이 글은 백범이 "우리 민족에게 하고 싶은 말의 요령을 적은 것이다." 또 그의 국가사상과 민족주의사상을 집중적으로 담고 있다. 그가 다음과 같이 염원한 것이기도 하다. "동포 여러분은 이 한 편을 주의하여 읽어 주서서 저마다의 민족철학을 찾아 세우는 데 참고를 삼고 자극을 삼아 주시기를 바라는 바이다."

본인의 능력 부족으로 백범의 삶과 사상을 제대로 담아내지 못했을 것으로 생각하니 마음이 편하지 못하다. 그럼에도 불구하고 많은 국민들, 특히 젊은이들이 이 책을 읽고 백범의 위대한 삶과 숭고한 사상으로부터 큰 영향을 받기 바라는 심정

은 애틋하다. 끝으로 최초의 출간본 『백범일지』의 '출간사' 끝
부분을 붙인다.

나는 우리 젊은 남녀들 가운데서 참으로 크고 훌륭한 애국자
와 엄청나게 빛나는 일을 하는 큰 인물이 쏟아져 나올 것을 믿
는다. 그와 동시에 이보다도 더 간절히 바라는 것은 저마다 이
나라를 제 나라로 알고 평생 이 나라를 위하여 있는 힘을 다하
는 것이다. 이러한 뜻을 가진 동포에게 이 '범인의 자서전'을 보
낸다.

2021년 4월
문중섭

1

백범 김구의 생애와 시대상황

1
생애

백범은 우리나라가 일본과 병자수호조약을 체결한 1876년에 황해도 해주에서 아버지 김순영과 어머니 곽낙원의 외아들로 태어났다. 어릴 때의 이름은 창암昌巖이다. 3-4세 때 천연두를 앓아 얼굴에 마마 자국이 있다. 12세 때부터 한학을 본격적으로 배우기 시작했고, 양반이 되고자 과거시험을 준비하였다. 17세 때인 1892년에 해주 향시에 응시했으나 낙방하였다. 당시 과거제도의 타락상을 직접 목도하고 과거 급제를 통한 관직 진출을 포기했다. 이때, 그는 삶의 목표를 '양반 되기'에서 '마음 좋은 사람 되기'로 바꿨다.

1893년에는 동학사상에 매료되어 동학에 입도하고, 이름을 창수昌洙로 개명했다. 불과 몇 개월 만에 접주接主(동학의 기본 조직인 접의 최고책임자)가 되고, 이듬해까지 동학교도로서 활발하게 활동하였다. 1894년에 황해도 동학군 선봉장으로 해주성을 공격했으나 실패했다. 1895년에는 위정척사사상가인 유학자 고능선을 스승으로 모시게 되었다. 그로부터 큰 영향을 받아 국가에 대한 충성과 의리사상이 투철한 젊은 우국지사로 성장하였다.

1896년 2월에는 치하포에서 일본 밀정인 스치다 조스케를 국모 시해의 원수를 갚는다는 생각으로 살해하였다. 5월에 체포되어 두 달 동안 해주감옥에 구금되었다가 인천감영으로 이송되고, 사형을 선고받았으나 고종의 특사로 사형집행이 정지되었다. 감옥에서 그는 신학문을 공부하고, 위정척사사상에서 벗어난다.

1898년에는 탈옥에 성공하고, 남도 지방을 유랑하면서 젊은 유생들과 우국충정을 함께했다. 도피 생활 중에 공주의 마곡사에서 중이 되고, 원종圓宗을 법명으로 했다. 이듬해에 평양 대보산의 영천암 주지가 되었으나 환속하고 귀향하였다. 1900년에는 탈옥수 신분임을 감안해 이름을 창수에서 구龜로 바꾸고, 호는 연하蓮下로 했다. 1903년에 약혼녀가 죽고, 기독교 신자가 되었다. 1905년에 을사보호조약이 체결되자 기독교의 상소운동에 동참하였고, 이듬해에는 학교를 설립하고 교사로 활동하였다. 이후 교사 양성과 순회강연 등 신교육사업을 열정적으로 수행하였다.

한일합병 직후인 1910년 11월에는 신민회 비밀회의에 황해도 청년 대표로 참석하였고, 이듬해에는 안명근 사건으로 투옥되어 15년 형을 선고받아 서대문감옥에 수감되었다. 1915년 8월에는 인천감옥에서 복역 중 가석방되었다. 서대문 감옥에서 이름을 구九로 고치고, 호는 '백정과 범부도 자신 정도의 애국심을 가져야 완전한 독립국이 될 수 있다'는 생각에서 백범白凡으로 하였다.

3·1운동 직후인 1919년 3월 말에 상하이(上海, 상해)로 망명하고, 9월에 상하이 임시정부의 내무총장이던 도산 안창호의 추천으로 임정의 경무국장을 맡게 되었다. 1922년에는 임정의 내무총장이 되고, 1924년엔 아내 최준례가 사망했다. 이로써 백범은 이전에 세 딸을 모두 잃고 이제 아내까지 잃게 되었다. 1926년에는 임정 국무령에 취임하였다. 1931년에는 한인애국단을 조직하여 이듬해 이봉창 의사의 일황폭탄투척의 거와 윤봉길 의사의 침략원흉폭살의거 등과 같은 항일투쟁을 전개하였다.

1934년에는 장제스(蔣介石, 장개석)와 면담하고 뤄양(洛陽, 낙양)

군관학교 내 한인특별반을 설치했으며, 1935년에는 반공산주의세력을 결집하여 임시정부의 여당이라고 할 수 있는 한국국민당을 결성하였다. 1938년에는 조선혁명당에서 출당당한 이운환의 총을 맞아 가슴을 관통하는 중상을 입었다. 중국의 연이은 패퇴로 임정을 다시 충칭(重慶, 중경)으로 옮겼다. 1939년에는 좌익을 대표한 김원봉과 공동성명을 발표하고 전국연합전선협회를 결성하였으나 얼마 뒤 무산되었다. 이듬해에는 한국국민당과 한국독립당 그리고 조선혁명당을 합당해 통합한국독립당을 창당하여 중앙집행위원장을 맡았다. 같은 해 9월에는 한국광복군을 창설하고, 10월에는 임시정부 주석에 선임되었다. 1941년에는 임시정부 주석 자격으로 임정의 승인과 한국의 독립을 촉진시키기 위한 5개항의 제안을 담은 서한을 미국의 루스벨트 대통령에게 발송하였다. 1941년 12월에는 「대일본 선전성명서」를 발표했다. 1942년엔 중국의 장제스에게 임시정부 승인을 촉구하는 공문을 발송하고, 루스벨트 대통령에게도 임정 승인을 촉구하는 전보를 보냈다.

　독립을 5개월 앞둔 1945년 3월에 백범은 마흔이 넘어 얻은 맏아들 인仁을 잃었다. 둘째 아들 김신의 회고에 따르면, 당시 충칭에는 미군들이 가지고 온 특효약 페니실린이 있었으나 생사를 같이하는 동지들도 맞지 못하는 약을 내 아들에게만 줄 수 없다면서 맞히지 않았다고 한다. 범인들은 감히 따를 수 없는 선공후사의 실천이다.

1945년 8월에는 미국의 전략정보국과 합동으로 국내진공작전을 추진하던 중에 해방을 맞고, 11월에는 임시정부의 주석이 아닌 개인 자격으로 귀국하였다. 감격과 침통이 함께 하는 27만의 환국이었다.

혼란과 분열의 해방 정국에서 자주독립의 민족통일국가를 수립하기 위해 백범은 혼신의 힘을 쏟아 갔다. 12월에 우리나라에 대한 신탁통치안이 발표되자 범국민적인 반탁운동을 주도했다. 1946년 1월에는 임시정부 포고령을 선포하고 정권 접수를 시도했으나 미군정의 제지로 뜻을 이루지 못했다. 2월에는 비상국민회의 의장에 선출되고, 남조선국민대표 민주의원 총리에 선임되었다. 6월에 이승만이 소위 '정읍 발언'을 통해 남한 단독정부 수립을 주장하자, 단호하게 반대를 표명했다.

1947년 11월에는 남한 단독선거를 반대하고, 유엔 감시하의 남북한선거를 통한 정부수립 결의안을 지지하였다.

1948년 2월에 유엔이 남한만의 총선거 실시를 가결하자, 이에 반대하는 성명서를 발표했다. 3월에는 김규식, 조소앙 등과 남한 단독 총선거를 반대하고 통일정부 수립을 호소하는 '7인 공동성명'을 발표하였다. 4월에는 '민족의 분열을 막기 위해, 민족통일국가 수립을 위해 노력이라도 하지 않으면 역사의 죄인이 된다'는 신념에서 반대를 무릅쓰고 남북협상을 위해 북행하였다. 7월에는 북한의 단독정부 수립을 반대하는 성명을 발표했다.

이처럼 자주적인 민족통일국가 수립을 위해 혼신의 노력을 계속하다 1949년 6월에 현역 육군 장교인 안두희의 흉탄으로 서거하였다. 백범의 장례식은 7월 5일 국민장으로 거행되었다. 124만여 명이 그의 거처인 경교장을 찾아 조문하였고, 잔뜩 찌푸린 서울 하늘 아래에서 온 국민의 애통과 오열 속에 영결식이 치러졌다.

2
시대상황

백범이 태어난 1876년에 우리나라는 일본과 불평등조약인 '조일수호조규'(병자년에 조인되었다고 하여, '병자수호조약'으로, 강화도에서 조인되었다고 하여 '강화도조약'으로 부르기도 한다)를 체결했다. 일본은 1868년에 메이지유신(明治維新, 명치유신)을 단행하고, 부국강병정책을 추진하여 자본주의체제를 확립하고 군사력을 증강하였다. 일본은 무력적 위협을 통해 우리나라에 수호통상조약을 강요한 것이다. 그 후 미국(1882. 5.), 영국(1882. 6.), 독일(1882. 6.), 러시아(1884. 6.), 프랑스(1886. 5.), 이탈리아(1884. 6.) 등과도 수호통상조약을 체결함으로써 우리나라는 국제질서체제에 편입되어 갔다. 1880년에 이르러 우리나라는 개화정책을 추진했고, 1884년에는 김옥균 등의 급진개화파가 갑신정변을 일으켰다.

1894년에는 봉건적 신분질서에 대한 저항과 일본을 중심으로 하는 외세의 제국주의적 침략 그리고 서양 천주교의 정신적 지배에 반대하여 동학농민봉기가 일어났다. 동학농민봉기는 '제폭구민除暴救民(폭압을 없애고 백성을 구제한다)' '제세안민濟世安民(세상을 구제하고 백성을 평안하게 한다)' '척왜양창의斥倭洋倡義(일본과 서양을 물리치고자 의병을 일으킨다)'를 표방하였다. 당황한 정부가 청나라에 파병을 요청함으로써 청일전쟁이 초래되고, 일본이 한국에 대해 독점적 지배를 구축하는 계기가 되었다.

동학농민봉기 직후에는 봉건적인 조직과 제도 등을 근대적인 것으로 고치는 갑오개혁이 이루어졌다. 1895년에는 반일·친러 정책을 추구하는 명성황후에게 반감을 가진 일본이 자객을 보내 황후를 살해하는 만행을 저지른 명성황후 시해 사건(을미사변)과 단발령 시행을 계기로 하여 항일의병투쟁이 전개되었다. 1897년에 우리나라는 국호를 '대한제국'으로 바꾸고, 왕을 황제로 칭했다. 당시의 한반도는 일본의 고문 정치속에서 열강들의 이권 쟁탈지가 되었다. 이러한 시대상황에서 독립협회는 자주·민권운동을 전개하였다. 독립협회는 국민을 계몽시켜 민권을 신장시키고, 국민의 지식을 계발하며 입헌군주정치체제를 수립하고자 했다. 또 독립협회는 열강의 이권 침탈을 막고 외세의 내정간섭을 배격하여 완전한 자주독립국가를 수립하고자 했다.

일본은 1904년 2월 23일에 군사적 강압을 통해 '한일의정서'를 체결했다. 이듬해 4월 8일에는 내각에서 한국의 보호국화保護國化를 결정하고, 11월 18일에는 고종황제를 강압하고 대신들을 위협하여 소위 을사보호조약을 체결하였다. 일본은 외교권을 찬탈하고, 통감에 의한 보호정치를 실시했다. 일본에게 주권을 침탈당하자 국권회복운동이 전개된바, 반일의병운동과 애국계몽운동이 그것이다. 1906년에는 안창호, 양기탁, 이동영, 신채호 등이 비밀 독립운동단체인 신민회新民會를 조직하였다.

1910년 8월 22일에 일본은 군대와 경찰의 겁박 속에서 '한일합병조약'을 체결하고, 29일 공표와 동시에 효력을 발동시켰다. 이 조약의 제1조는 "한국 황제는 한국의 모든 통치권을 완전하고도 영구히 일본국 황제에게 양도함"이다. 이로써 우리나라는 일본의 식민지 통치 아래로 들어갔다.

일본의 통치방식은 총독에 의한 무단통치였다. 일본 국왕의 직속인 조선총독으로는 모두 일본 육군과 해군의 대장 출신이 임명되었으며, 그들은 조선에서의 입법·사법·행정 및 군사에 관한 전권을 부여받았다. 무단통치는 헌병경찰제도와 군대 주둔을 통해 자행되었다. 헌병경찰제도는 무수히 많은 경찰서와 순사주재소 그리고 헌병분견소를 배치해 무단통치하는 것이다. 한일합병조약으로 국권을 탈취한 일제는 곧바로 모든 정치활동을 금지시키고, 언론·출판·집회·결사의 자유를 완전히 박탈하였다. 이와 같은 현실 속에서도 국내에서는 비밀결사 중심의 민족독립운동이 전개되었고, 국외의 서간도(남만주)와 북간도(백두산의 동쪽이자 두만강 너머에 있는 지역), 연해주, 북만주, 미주 등지에서 많은 독립운동단체들이 민족독립운동을 전개하였다.

1919년에는 거족적이고 거국적인 민족독립운동인 3·1운동이 일어났다. 3·1운동 직후에 수립되었거나 수립 단계에 있던 임시정부는 6개이다. 국내의 대한민간정부와 조선민국임시정부, 신한민국정부, 한성정부 등 4개와 국외의 시베리아 지방에서 조직된 대한국민의회정부, 상하이의 대한민국임시정부 등이다. 같은 해 9월에는 이 모든 조직을 대한민국임시정부로 통합하였다.

1920년부터는 사회주의 수용이 이루어졌고, 1921년에는 그

현상이 현저해졌다. 동시에 노농운동과 사회주의운동도 전개되기 시작하였다. 1922년 말 이후는 사회주의가 핵심적인 사회사상 중 하나로 자리 잡았다. 사회주의의 수용이 1921년에 들어서는 그것을 신봉하는 사회주의자들을 만들어 내고, 그들의 세력화 현상을 가져오기에 이른 것이다.

1920년대 중반에 이르러 국내의 민족독립운동은 민족운동과 사회운동으로 정립鼎立되었다. 이어 분열된 민족독립운동 세력을 통합하고자 하는 주장이 1925년에 들어서면서 공개적으로 표명되었다. 민족협동전선론이 그것이다. 이는 좌파 민족주의자(비타협적 민족주의자)와 사회주의자가 상이한 정치적 계급적 주장을 유보하고 민족해방을 위해 서로 협동해야 한다는 입장이다. 이러한 민족협동전선론에 입각하여 두 세력은 1927년 2월에 신간회를 창립하였다.(1931년 5월까지 존속)

국내의 신간회운동과 거의 같은 시기에 중국 지역에서도 독립운동가들에 의해 민족유일당운동이 일어났다. 이 운동은 좌우합작이라는 통일전선운동의 성격을 갖는다. 1925년 하반기부터 안창호 등 여러 독립운동가들이 민족독립운동세력의 대동단결론을 제창하였다. 그러나 민족유일당운동은 당의 성격이나 목적을 놓고 민족주의자들과 사회주의자들이 갈등함으로써 결실을 맺지 못했다.

1920-1930년대의 민족독립운동진영은 분열되어 있었고, 임시정부도 민족독립운동의 완전한 구심점 역할을 제대로 하지 못하는 상태였다. 특히 좌·우익 간의 갈등이 심했으며, 동시에 대통합을 위한 노력도 부단히 시도되었으나 성공하지는 못했다. 1937년에는 중일전쟁이 일어나고, 1941년 12월에 일본은 진주만을 기습하고 미국과 영국에 선전포고함으로써 태평양전쟁이 발발하였다. 1943년 11월에는 미국과 영국 및 중국이 우리나라의 독립을 언급한 '카이로선언'을 발표하고, 1945년 2월에는 미국과 영국 및 소련의 수뇌가 얄타Yalta에서 비밀협정을 체결하였으며, 7월에는 미·영·중의 세 거두가 '포츠담선언'을 통해 일본의 무조건 항복을 촉구하였다. 8월에 일본이 무조건 항복함으로써 우리의 민족독립이 이루어졌다.

해방 직후 우리나라는 심한 혼란과 분열을 겪었다. 특히 좌우익 간의 갈등양상은 강렬성과 폭력성까지 나타냈다. 당시의 이념적 상황을 대별해 보면, 극우파(이승만, 한민당)의 미국을 모델로 한 부르주아 민주주의(자본주의적 민주주의로 정치적으로는 대의정치, 입헌정치, 삼권분립제도, 보통선거제도 등을, 경제적으로는 사유재산제도와 자유경쟁을 기초로 하는 시장경제체제 등을 내용으로 함), 극좌파(공산당)의 소련을 모델로 한 프롤레타리아트 민주주의[무산자 독재(일당독재)체제 추구], 중도파의 사회민주주의[정치적 민주주의(대의정치, 입헌정치, 삼권분립제도, 보통선거제도 등)와 경제적 사회주의(기간산업과 토지의 국유화, 광범위한 복지정책 실시 등)] 등이 있었다. 이러한 해방 정국에서 자주적인 민족통일국가를 수립하기 위해서는 민족대통합이 필요하고, 이를 위해서 국내투쟁은 지양되어야 하는바, 국내투쟁을 지양할 수 있는 방안을 모색해야 하였다. 여기서 좌우합작, 즉 지양止揚(긍정적인 것은 취하고 부정적인 것은 버림)을 통해 좌우익을 종합함으로써 민족통일국가를 수립하고자 하는 운동이 전개되었다.

1945년 12월에 모스크바 3상회의에서 결정된 신탁통치안이 알려지자, 국내 정치세력은 찬반양론으로 분열된 채 격렬한 찬반투쟁을 전개하였다. 1946년 6월에는 이승만이 남한 단독정부 수립을 주장하고, 여운형과 김규식은 좌우합작운동을 추진하였다. 1947년 11월에는 유엔총회가 남북한의 총선거 실시를 결의했으나, 소련의 북한 입국 반대로 무산되자 1948년 2월 유엔소총회는 남한만의 총선거 실시를 결의하였다. 이 결의에 따라 5월 10일에 남한만의 총선거가 실시되고, 8월 15일에 대한민국 정부수립이 국내외에 선포되었다.

2

백범 김구의 삶

젊은 시절 백범은 우국충정으로 구국의 길을 찾고, 국권회복운동에 혼신의 힘을 다했다. 몇 차례에 걸친 장기간의 투옥 생활을 겪은 후, 백범은 상하이로 망명하여 임시정부를 이끌며 민족독립운동에 헌신하였다. 처참하리만큼 어려운 상황 속에서도 임시정부를 지켜 내며, 오직 조국독립운동에 몸과 마음을 바쳤다. 이처럼 오직 나라와 민족과 국민만을 사랑하고, 그 사랑을 실천한 백범의 삶을 『백범일지』를 바탕으로 하여 조명해 본다.

　『백범일지白凡逸志』는 출생에서부터 환국 직후까지의 회고 내용이다. 환국 이후의 삶은 대부분 잘 알려져 있다는 판단에서 귀국 직후 행한 지방 순회에 대해서만 간략하게 서술하였다. 따라서 출생부터 지방 순회까지의 백범의 삶에 대해서는 『백범일지』를 1차 자료로 활용하고, 귀국부터 서거에 이르는 그의 삶에 대해서는 별도의 관련 문헌을 참고하여 살펴본다.

　백범의 삶을 담아내면서 필자는 그의 삶의 궤적들을 서술하는 데 그친다. 그의 삶을 유의미하게 만나볼 수 있는 내용들을 드러내 보이는 데 중점을 둔다. 내용들에 대한 음미는 읽는 이들의 몫으로 남겨 둔다.

제2장에서 1차 자료로 활용되는 『백범일지』는 어떤 책인가?

많은 사람들이 '일지'를 하루하루의 주요 일들을 기록하는 '일지日誌' 또는 '일기日記'로 알고 있다. 그러나 '일지'는 한자의 뜻을 그대로 옮기면, '잘 알려지지 않은 기록(이야기)'이라는 뜻이다. 따라서 『백범일지』는 백범이 매일매일 기록한 그의 일기가 아니라, '백범의 알려지지 않은 이야기'란 의미이다.

『백범일지』는 1928-1929년(상편)과 1941-1942년(하편)에 집중적으로 집필된 일종의 회고록이다. 1947년 12월에 국사원에서 최초로 출간된 『백범일지』의 표지도 『김구 자서전 백범일지』로 되어 있다. 또 이 책 '저자의 말'도 "나는 이러한 뜻을 가진 동포에게 이 '범인의 자서전'을 보낸다."로 끝을 맺는다. 자주적 민족국가 건설에 대한 백범의 투철한 의지와 실천을 담고 있는 담백하고 진솔한 그의 자서전이다. 그의 간절한 바람과 아픔들이 녹아 있는 회고록이다.

집필 시기에 대해서는 국사원에서 출간된 『백범일지』 하편의 '머리말'에 잘 나타나 있다. 상편은 53세 때인 '1928년에 상해 프랑스 조계 마랑로 보경리 4호 임시정부 청사에서', 그리고 하편은 67세 때인 '1942년에 중경 화평로 오사야항 1호 임시정부 청사에서' 집필한 것으로 되어 있다. 『백범일지』는 1929년과 1942년에 탈고한 상하편의 친필 원본, 1929년에 엄항섭이 『백범일지』 상편을 등사한 등사본(미국 콜롬비아 대학 도서관 소장), 1948년에 백범 측근이 상하편을 필사한 필사본 등이 있다.

『백범일지』가 공식적으로 처음 출간된 것은 1947년의 국사원본이다. 이 책의 표지에 백범이 직접 저자와 서명을 쓰고, '저자의 말'도 넣었다. '저자의 말'에서 그는 출간본의 성격을 다음과 같이 밝혔다. "이 책은 내가 상해와 중경에 있을 때에 써 놓은 『백범일지』를 한글철자법에 맞추어 국문으로 번역한 것이다. 끝에 본국에 돌아온 뒤의 일을 첨가했다."

이 책의 집필 동기는 국사원본 『백범일지』의 '저자의 말'과 하편 '머리말'에 잘 나타나 있다. 관련 내용을 그대로 옮긴다.

애초에 이 글을 쓸 생각을 한 것은 내가 상해에서 대한민국 임시정부의 주석이 되어 내가 언제 죽을지 모르는 위험한 일을 시작할 때에 당시 본국에 돌아가 있는 두 아들에게 내가 지낸 일을 알리자는 동기에서였다. 이렇게 유서 대신으로 쓴 것이 이 책의 상편이다.

하편은 윤봉길 의사의 의거 이후 중일전쟁의 결과 우리 독립운동의 기지와 기회를 잃어 이 목숨을 던질 곳이 없이 살아남아서 다시 오는 기회를 기다리게 되었으나, 그때에는 내 나이 이미 칠십을 바라보아 앞날이 많지 아니하므로 주로 미주와 하와이에 있는 동포를 염두에 두고 민족독립운동에 대한 나의 경륜과 소회를 알리려고 쓴 것이다. 하편 역시 유서라고 할 것이다.

내가 살아서 고국에 돌아와 이 책을 출판할 수 있으리라고는 꿈에도 생각하지 아니하였다. 나는 완전한 우리의 독립국가가 세워진 뒤에 이 글이 지나간 이야기로 동포들의 눈에 비춰지기를 원했다. 행이라 할까 불행이라 할까, 아직 독립의 일은 이루지 못하고 내 죽지 못한 생명만이 남아서 고국에 돌아와 이 책을 동포 앞에 내놓게 되니 실로 감개가 무량하다.

나를 사랑하는 몇 친구들이 이 책을 발행하는 것이 동포에게 다소의 이익을 드릴 수 있을 것이라고 하기에 나도 허락하였다.

상편 집필을 마치면서 백범은 두 아들에게 이렇게 당부하였다. "너희들은 사회의 은혜와 보살핌으로 먹고 입고 배우는 터이니, 스스로 사회의 아들이라는 마음으로 사회를 알고 부모처럼 효도하면 더 이상 바랄 것이 없다."

『백범일지』는 지금까지 독자들에게 진한 감동을 주면서 '국민도서'로 인정받고 있다. 그러면 이 자서전이 이러한 평가를 받는 까닭은 어디에 있을까? 다음과 같은 점들에 연유가 있는 것 같다.

첫째, 이 책을 통해 그의 삶의 궤적을 살펴봄으로써 국가와 민족에 대한 투철하고 헌신적인 그의 사랑을 확인할 수 있고, 이 점은 우리들 자신의 삶에 대해 성찰해 볼 수 있는 기회를 제공한다.

둘째, 이 책은 한말부터 해방 직후까지의 시대상황과 치열하게 마주쳐 온 그의 삶을 담고 있다. 또 백범은 사실상 임시정부를 이끌어 왔다. 이런 점에서 『백범일지』는 이 시기 우리의 역사와 임시정부를 보다 정확히 이해하는 데 도움을 준다.

셋째, 이 책이 담고 있는 그의 국가사상과 민족주의사상은 오늘의 우리가 지향해야 할 국가의 모습과 한국민족주의가 나아가야 할 길을 안내해 준다. 동시에 이 시간 우리들의 삶과 의식 및 의지를 맑은 마음으로 살펴보게 한다.[01]

1
출생과 어린 시절

1) 출생

백범은 신라 마지막 임금인 경순왕의 후손이다. 고려와 조선시대 중반까지 백범의 조상들은 대대로 서울에서 양반으로 살았다. 그러다 조선 제17대 왕인 효종 때에 와 선조인 김자점의 반역죄로 그의 조상들은 멸문의 화를 입게 될 지경에 이르렀다. 김자점은 인조반정을 주도하여 영의정까지 역임하였

---

[01] 출생에서부터 귀국 직후까지의 백범의 삶에 대해서는(제1절-제5절) 김구, 『초판본 백범일지』(최초의 출간본인 국사원본의 영인본)(서울: 지식인하우스, 2016)를 주로 활용하고, 다음과 같은 몇몇 출간본들을 참고하였다. 김구 지음, 도진순 주해, 『백범일지』(서울: 돌베개, 2002); 김구 지음, 배경식 풀고 보탬, 『백범일지』(서울: 너머북스, 2008); 김구 지음, 도진순 탈초·교감, 『정본 백범일지』(서울: 돌베개, 2016). 별도의 표기가 없는 인용문은 모두 『백범일지』의 내용이다. 귀국에서 서거에 이르는 시기의 삶에 대한 참고 문헌은 제6절 서두에서 제시되고 있다.

으나 나중에는 역모 사건으로 죽임을 당했다.

백범의 선조는 화를 피하기 위해 서울에서 멀리 떨어진 황해도 해주읍의 산간벽촌에서 숨어 살게 되었다. 그의 조상은 해주읍에서도 80여 리나 떨어진 백운방 텃골이라는 곳에서 양반의 신분을 숨기고 상민으로 살았다. 당시의 현실을 『백범일지』(이하 『일지』로 표기함)는 다음과 같이 적고 있다.

우리 집안은 텃골 근처에 사는 진주 강씨와 덕수 이씨 등 토착 양반들에게 대대로 천대와 압제를 받았다. 그 실례를 간단히 들어 보면 이러하다. 우리 집안의 처녀가 강씨나 이씨 집안으로 시집가는 것은 영광으로 알았지만, 강씨나 이씨 집안의 처녀가 우리 집안으로 시집오는 것을 보지 못했으니, 이것은 혼인의 천대이다. 강씨나 이씨들은 대대로 방장(지금의 면장)을 지냈지만 우리 김가는 방장의 명령에 따라 세금을 거두는 존위尊位가 고작이었으니, 이는 취업 곧 정치적 압제이다. 강씨와 이씨들은 양반의 권세로 우리 집안의 땅과 돈을 빼앗고 농노로 부렸으니, 이는 경제적 압박이다. 강씨와 이씨들은 머리를 길게 땋은 어린아이라도 우리 집안의 칠팔십 노인들에게 '하게'를 하며 업신

여기는데 우리 집안 노인들은 갓 상투를 튼 강씨와 이씨 집안의
아이들에게도 반드시 높임말을 했으니, 이는 언어의 천대이다.

그래서인지 백범 집안은 글하는 사람이 드물고 불평불만하
는 사람들이 많았다. 양반과 상민의 지배-복종관계를 정당화
하고 현실화하는 당시의 불평등한 신분제도가 백범의 평등
의식과 저항 의식 형성에 큰 영향을 미쳤을 것으로 보인다.

백범은 1876년 7월 11일(음력)에 황해도 해주에서 아버지 김
순영(안동 김씨)과 어머니 곽낙원(현풍 곽씨)의 맏아들로 태어났
다. 1876년은 우리나라가 일본의 무력적 강압에 의해 불평등
조약인 조일수호조규朝日修好條規를 체결한 해이다. 아버지는
가난하여 당시엔 노총각이던 24세 때에 14세의 어머니와 결
혼하였다. 백범의 태몽은 그의 어머니가 푸른 밤송이 속에서
붉은 밤 한 개를 얻어 갖는 것이다. 아주 심한 난산 끝에 출생
하였고, 산모의 젖이 모자라 백범의 아버지는 젖동냥을 해야
했다. 그럼에도 불구하고, 그는 강건한 체질이었다. 이에 관
해 백범은 "내 일생에서 타고난 행복은 기질이 튼튼한 것이
다."라고 회고한 바 있다.

백범은 그의 아버지를 다음과 같이 기억한다. "학식은 겨우 이름 석 자를 쓸 줄 아는 정도였지만, 기골은 준수하고 성격은 호방하였다. 음주는 한량이 없고 취하시면 양반 강씨와 이씨를 만나는 대로 때려 1년에도 여러 번 해주감옥에 구속되는 소동을 일으켰다." 또 "힘을 믿고 약한 사람을 업신여기고 욕보이는 자들을 보기만 하면 『수호지』의 영웅처럼 참지 못하는 불같은 분이셨다." 이처럼 백범의 아버지는 압제적인 양반에 대해서는 적대적인 반면에, 가난하고 비천한 사람들에게는 후덕하였다. 또한 그는 '효자'라는 별명을 얻을 정도로 효성이 지극했다. 어머니가 임종할 즈음 자신의 무명지를 잘라 피를 어머니의 입에 흘려 넣어 사흘을 더 살게 하였기 때문이다. 아버지를 닮아서인지 백범도 몸집이 우람하고, 성품은 정의감과 효심 및 평등 의식이 강하고 솔직담백하였다.

2) 삶의 목표를 바꾸다
— '양반 되기'에서 '마음 좋은 사람 되기'로

12세 때 백범은 집안의 어느 어른이 갓을 쓰다가 양반에게 갓을 찢긴 후, 다시는 관을 못 쓰게 되었다는 이야기를 들었다. 어린 그에게는 큰 충격이었다. 집안이 그와 같은 수모를 다시는 당하지 않도록 하기 위해 글공부를 하고 과거에 합격해 양반이 되어야겠다고 결심하였다. 그는 아버지에게 서당에 보내 달라고 간청하였다. 이에 그의 아버지는 집안과 주위 상민들 아이들을 모으고, 선생을 모셔 와 서당을 주선하였고, 백범은 과거시험 공부를 시작하였다. 그는 "열심히 공부하였고, 성적도 항상 최상위였다. 한 문장을 배우면 외우고 또 외웠고", "새벽 일찍 일어나 선생님 방으로 가서 제일 먼저 배우고 밥그릇 망태기를 메고 먼 데서 동무들이 오면 배운 것을 가르쳐 주었다." 그러나 어느 학부모가 선생을 미워하여 서당은 몇 개월만에 문을 닫게 되고, 백범은 크게 슬퍼하였다.

얼마 후 갑자기 뇌경색으로 반신불수가 된 아버지의 병간호 때문에 백범은 공부를 계속할 수가 없게 되었다. 부모님은 가산을 정리하여 여러 지방을 떠돌면서 이름난 의사의 치료를 받기 위해 길을 떠나고, 그는 큰어머니 댁에 맡겨졌다. 그러다 부모님이 그리워 부모님과 함께 유랑하였으나, 공부를 계속하지 못하게 되어 크게 상심했다.

이후 그의 아버지는 자신의 건강도 조금 나아지고 공부에 대한 아들의 열망이 가상하여, 고향으로 돌아왔다. 15세가 되어 백범은 서당에 다니게 되었으나 선생들의 수준에 회의를 품게 되고, 아버지의 권유대로 토지 문서와 결혼 관련 글, 기제사 관련 글과 같은 실용 문서 공부를 하였다. 그러나 그는 과거시험 공부를 하고 싶었다. 이러한 아들의 열망에 그의 아버지는 아는 사람에게 부탁하여 백범이 학비를 면제받는 학생으로 서당에 다닐 수 있게 하였다. 이에 대해 그는 "너무 좋아서 일 년 내내 날마다 밥그릇 망태기를 메고 험한 고개의 깊은 골짜기를 쏜살같이 달려서 그곳에서 먹고 자는 학생들이 일어나기도 전에 도착한 적이 한두 번이 아니었다."라고 회고하였다.

과거공부의 초보로 우리나라 특유의 한시체인 대고풍십팔구大古風十八句(운을 달지 않은 7언 18구로 된 시)를 익혔고, 중국 한나라와 당나라의 시와 『대학』과 『통감』을 배웠다.

17세가 되던 해에 나라에 경사가 있을 때 임시로 보는 경과慶科가 해주에서 시행되자 백범도 응시하였다. 자신은 앞으로도 기회가 있을 것으로 생각하고 아버지의 이름으로 답안지를 제출했으나 낙방하였다. 당시의 과거시험은 질서가 문란

하여, 대리시험이 공공연하게 이루어졌고, 돈이나 인간관계에 따라 합격과 불합격이 다반사로 결정되었다. 이러한 과거 제도의 폐단을 직접 목격한 백범은 집으로 돌아와 부친과 진로를 상의했다. 그는 부친에게 다음과 같이 자신의 결심을 말씀드렸다.

"어떻게든 공부로 입신양명하여 강가와 이가에게 당한 압제에서 벗어나려고 했는데, 그 유일한 방법인 과거가 너무 타락했습니다. … 앞으로 서당공부를 그만두겠습니다."

그의 부친은 아들의 말을 옳게 여기고, 풍수지리나 관상 공부를 권유하였다. 백범은 관상학 책을 구해, 3개월 동안 문밖 출입도 하지 않고 자신의 관상을 관상학에 따라 살펴보았다. 그런즉, 자신의 얼굴에는 부귀를 얻을 만한 상은 하나도 없고, 가난과 흉한 상뿐이었다. 크게 실망해 있던 어느 날, 『마의상서磨衣相書』라는 관상책 속의 "상 좋은 것이 몸 좋은 것만 못하고 몸 좋은 것이 마음 좋은 것만 못하다.(相好不如身好 身好不如心好)"라는 구절을 보고 크게 감명받았다. 그는 그 깨달음을 다음과 같이 서술한다. "관상 좋은 사람보다 마음 좋은 사람이 되겠다고 결심했다. 그리하여 겉을 가꾸는 외적 수양보다는 마음을 닦는 내적 수양에 힘써 제대로 된 사람 구실을 하겠다고 작심하였다. 이렇게 마음을 정하니, 지금까지 공부를 잘해서 과거하고 벼슬하여 천한 신분에서 벗어나겠다는 생각이 순전히 헛된 욕망이자 망상일 뿐 마음 좋은 사람이 취할 바가 아니라는 생각을 하게 되었다."

이후, 백범은 관상 공부를 그만두고 『손무자』[중국의 손무(손자)가 지은 병법서], 『오기자』[중국의 오기(오자)가 쓴 병법서] 등을 비롯한 병서兵書들을 제대로 이해하지 못하면서도 재미있게 읽었다. 여기서 그의 무인기질을 엿볼 수 있다. 그는 장수의 덕목을 제시한 다음과 같은 구절들을 흥미 있게 낭송하기도 하였다.

태산이 무너져도 결코 마음은 흔들리지 않는다.

병사들과 더불어 달고 쓴 것을 같이한다.

나아가고 물러서기를 호랑이와 같이 한다.

남을 알고 나를 알면 백번 싸워도 지지 않는다.

2
우국충정의 젊은 시절

1) 황해도 동학군의 선봉장이 되다

18세가 되던(1893년) 1월에 백범은 동학교도인 오응선을 찾아가 동학의 근본인 인간존엄사상과 평등사상, 혁명사상 등을 듣고 큰 영향을 받았다. 그는 "동학에 입도하고 싶은 마음이 불길같이 일어나", 동학에 "입도하고 동학 공부를 열심히 하였다." 아래는 『일지』의 관련 내용이다.

동학의 근본 취지는 말세의 간사한 인간들이 개과천선하여 새 백성이 되어 장래 참된 임금을 모시고 계룡산에서 새 나라를 세우는 것이다. 나는 설명을 듣고 몹시 기뻤다. 마음 좋은 사람 되기로 맹세한 나에게는 하느님을 모시고 하늘의 도를 실천하는 것이 가장 중요한 일이었다. 그뿐만 아니라 상놈 된 한이 골수에 사무친 나로서는 동학의 평등주의가 더할 수 없이 고마웠다. 또 이씨의 운수가 다해서 새 나라를 세운다는 취지도 공감되었다. 해주 과거에서 정치의 부패함을 목격하였기 때문이다. 입도하고 싶은 마음이 불같이 일어났다. … 동학에 입도한 나는 공부를 열심히 하면서 포교에도 힘을 썼다.

새로운 삶을 살아가겠다는 뜻에서 이름도 아명兒名인 창암昌巖을 창수昌洙로 바꿨다. 입도한 지 1년도 되지 않아 백범이 포교한 교도가 천여 명에 이르렀고, 접주로 임명받았다. "이때 황해도와 평안도의 동학교도 가운데 어린 접주로서 가장 많은 수의 연비(교도)를 가졌다고 하여 '아기 접주'라는 별명을 얻었다."

그의 남다른 평등사상과 변혁사상, 열정과 실천력은 많은 사람들로부터 신망을 받게 하였다. 그는 어떤 일을 결정하면, 열성적으로 그 일을 추진했다. 1894년에는 황해도 동학교도 대표 15인의 한 사람으로 충청도 보은에 가서 제2대 동학 교주인 해월 최시형을 면담하였다. 그곳에서 동학농민봉기 소식을 듣고, 교주의 '동원령'을 받았다. 동학농민봉기는 반봉건과 반외세, 반침략적인 성격을 갖는다. 개항 이후 외국 자본주의의 침략에 따른 반식민지화와 봉건 지배계급의 착취와 매국에 저항한 것이다. 이는 농민이 주도한 혁명적인 운동이다. 봉건적인 신분질서와 일본을 중심으로 한 외세의 제국주의적 침략에 반대하여 일어난 동학농민봉기는 평등사상과 자주독립사상을 기본 이념으로 한다. 그리하여 '제폭구민', '보국안민', '척왜양창의' 등을 기치로 하였다.

1894년 11월(양력 12월)에 황해도의 15명 접주들도 봉기하기로 의결하고, 백범을 선봉장으로 하여 해주성을 공격했으나 실패하였다. 이후 황해도 동학군은 진압되고 그도 피신하였다. 그는 해주 청계동의 진사進士 안태훈의 배려로 그곳에서 은거했다. 후에 개화사상을 가지기도 한 안 진사는 해서 지방에서는 명성이 자자한 학자였다. 그는 동학농민봉기가 일어나자 동생과 맏아들 중근을 선봉으로 하는 동학 토벌군을 조직하였다. 그러함에도 불구하고, 안 진사는 아직 어린 백범의 담대한 기개를 아까워하여 후의를 베푼 것이다. 안 진사는 우리가 잘 아는 안중근 의사 외에 정근, 공근 등 세 아들을 두었다. 안정근과 안공근도 항일독립운동에 투신하였고, 안공근은 임시정부에서 백범을 도와 헌신적으로 활동하였다.

2) 나라를 걱정하고 구국의 길을 찾다

날마다 안 진사의 사랑방에 가 놀면서 백범은 유학자 고능선을 만나고, 그로부터 큰 영향을 받게 된다. 고능선은 한말의 대표적 위정척사파인 화서(화서는 제1세대 위정척사사상가인 이항로의 호이다)학파의 제3세대 사상가이자 한말의병항쟁의 거두였던 유인석과 동문이었다. 고 선생의 호는 후조이고, 이름은 석로이며 능선의 그의 자字이다. 그도 안 진사의 동학군 토벌대에 참모로 참여하였다. 당시 위정척사사상가들은 성리학적인 전통질서를 올바른 것으로 규정하고, 그것을 지키고자 했다. 그 때문에 신분제도와 같은 전통질서 타파를 기치로 내건 동학농민봉기를 토벌하고자 하였다.

어느 날 고 선생은 백범을 자신의 사랑방에 초대했고, 이후 백범은 매일 그의 사랑방에 가서 열심히 배웠다. 고 선생은 의리를 강조하며, "아무리 뛰어난 재주와 능력을 가진 사람이라도 의리에서 벗어나면 그 재능이 도리어 화근이 된다"라고 하였다. 고 선생이 가르친 다음 시구詩句는 백범이 이후 어려운 결정을 해야 할 때면 으레 상기하는 평생 좌우명이 되었다.

가지 잡고 나무를 오르는 것은 기이한 일이 아니다.

벼랑에 매달려 잡은 손을 놓는 것이 가히 장부로다.

백범은 이 당시 고능선으로부터 척왜척양사상을 교육받았
다. 그는 뒷날 다음과 같이 회상하였다. "전에 청계동에서 오
로지 고 선생만을 하나님처럼 숭배하던 때에는 나 역시 척왜
척양이 우리의 당면한 천직이라 생각했고, 이에 반대하는 자
는 사람이 아니고 짐승이라고 여겼다. 그럴 수밖에 없었던 것
이 고 선생은 오직 우리나라에서만 한 가닥 밝은 맥이 남아 있
고(위정척사사상은 중국을 천하의 도덕국인 대중화大中華로 보고, 조선을 소중
화로 규정하는 소중화론에 근거하며, 중국의 한족이 오랑캐인 청나라에 망한
뒤부터는 우리나라가 홀로 도를 지키고 있는 것으로 보았다), 세계 각국이
대부분 피발좌임被髮左衽(머리털을 풀어 헤치고 옷을 왼섶으로 입음)한
오랑캐들이라고 말씀하셨다."

어느 날 고 선생은 백범에게 다음과 같이 한탄하였다.

"우리나라도 반드시 망하게 되었는데, 끝내 왜놈에게 망하게 되
었네. 이른바 조정 대관들은 모두 외세에 영합하려는 사상만 가

지고, 러시아를 친하여 자기 지위를 보전할까, 혹은 영국이나 미국을, 혹은 프랑스를, 혹은 일본을 친하여 자기 지위를 견고히 할까, 순전히 이런 생각들뿐이라네. 나라는 망하는데 최고학식을 가졌다는 산림학자들도 세상사를 한탄하고 혀만 차고 있을 뿐 나라를 구할 경륜이 있는 사람이 보이지 않으니 큰 유감일세. 나라가 망하는 데도 신성하게 망하는 것과 더럽게 망하는 것이 있는데, 우리나라는 더럽게 망하게 되었네. …

나라가 신성하게 망한다 함은 일반 백성들이 의를 붙잡고 끝까지 싸우다가 적에게 모두 죽임을 당하여 망하는 것이요, 더럽게 망한다 함은 일반 백성과 신하가 적에게 아부하다 꾐에 빠져 항복하여 망하는 것일세. 지금 왜놈의 세력이 온 나라에 가득 차서 대궐 안까지 침입하여 대신들을 저들 마음대로 내쫓고 들여쓰니, 이것이 제2의 왜국이 아니고 무엇이란 말인가? 만고천하에 망하지 않는 나라 없고, 죽지 않는 사람이 없네. 그런즉 자네나 나나 죽음으로 나라에 충성하는 한 가지 일만 남았네."

이렇게 망국의 지경에 직면한 나라를 개탄하고, 구국의 길을 제시한 고 선생은 백범에게 청국 시찰을 권유하였다. 그

까닭은 청일전쟁에서 패한 중국이 언젠가는 대일 복수전을 전개할 것인바, 앞으로 서로 협력해야 할 때를 대비해 중국을 시찰하고 중국인들과 유대 관계를 맺어 둘 필요가 있다는 것이었다. 백범은 스승의 뜻을 옳게 여겨 청국 시찰을 결심하였다. 그는 화서학파 문도이자 척왜척양사상을 지닌 김형진과 함께 1895년 5월(음력)에 청나라로 떠났다. 평양과 함흥, 백두산을 둘러보고, 동삼성(길림성, 요령성, 흑룡강성)을 거쳐 베이징까지 가기로 계획하였다.

3) 치하포 사건 — 국모보수國母報讐

백범은 참빗장수 행세를 하며 평양에서 함흥을 거쳐 백두산으로 향했다. 그러나 중국인 마적 떼의 위험 때문에 백두산행을 포기하고, 통화·환인·관전·임강·집안 등을 살펴보았다. 강계에서는 김이헌의 의병투쟁에 대한 소문을 듣게 된다.

"통탄할 바 저 왜적은 나와 함께 같은 세상을 살 수 없는 원수이다."라고 할 만큼 철저한 반일 의식을 가진 백범은 김이헌의 의병투쟁에 참여하였다. 그러나 "국모가 왜구에게 피살당한 것은 국민 전체의 치욕이므로 가만히 앉아서 참을 수 없다."라는 격문을 내건 김이헌 의병부대의 강계성 공격은 참패하게 된다.

백범은 고향으로 돌아와 고 선생과 부모님께 그간의 사정을 얘기하고, 독서를 하면서 시간을 보냈다. 그러던 중에 단발령(1895년 11월)이 내려졌다. 이를 계기로 각지에서 의병투쟁이 일어났고, 백범도 김형진 등과 의병을 일으키려다 사전에 발각되어 실패하였다. 그러자 2차 청국행을 결심하고 길을 떠났다. 평양에 도착하여 단발정지령이 내려지고, 삼남 지방(충청도와 전라도 및 경상도)에서 의병이 봉기(단발령과 명성황후 시해 사건을 계기로 한 항일의병투쟁)한다는 사실을 알게 되자, 그는 청국으로 가지 않고 고향으로 돌아가 정세를 관망하기로 하였다.

백범은 평안도 용강군에서 황해도 안악군 치하포로 건너가는 배를 탔다. 치하포에 도착해 주막에서 이른 아침 식사를 하던 중에 조선인 복장을 하고 흰 두루마기 밑으로 칼을 숨긴 자가 보였다. 백범은 그자가 명성황후를 살해한 미우라 고로이거나 미우라와 공범일 것으로 생각했다. 백범은 "여하튼 칼을 차고 숨어 다니는 왜놈이면 우리 국가와 민족의 독버섯인 것은 분명한 사실이다. 내가 저 한 놈을 죽여서라도 국가의 치욕을 씻어보리라."라고 작심하였다. 그럼에도 실패에 따른 염려가 생기자, 그는 다음과 같은 자문자답을 한다.

"너는 저 왜놈을 죽여 국가의 치욕을 씻는 것이 옳다고 확신하느냐?"

"그렇다."

"너는 어릴 때부터 '마음 좋은 사람'이 되는 게 소원이지 않느냐?"

"그렇다. 그러나 지금은 원수 왜놈을 죽이려다가 실패하고 도리어 왜놈의 칼에 죽임을 당하면 한낱 도적의 시체로 남겨질까를 걱정하고 있는 것이다. 그렇다면 '마음 좋은 사람'이 되고자 한 너의 소원은 다 거짓이고, 사실은 몸에 이익되는 것과 이름 날리는 것을 좋아하는 사람이 되고자 한 것이 아니냐?"

이렇게 스스로 묻고 스스로 답한 뒤, 마음 편하게 죽음을 작정하고 결심을 실행하였다. 그가 죽인 일본인에 대해, 『일지』는 "소지품을 조사해 보니 왜놈의 이름은 스치다 조스케이고, 직위는 육군중위"라고 기술하고 있다.(스치다의 신분에 대해 일본

공사관의 조사보고서에는 '상인'으로 적혀 있다) 백범은 "'국모의 원수를 갚기 위해(국모보수) 이 왜놈을 죽이노라'라고 밝히고, 끝줄에 '해주 백운방 텃골 김창수'라고 써서 주막 주인에게 사람들이 지나다니는 길거리 벽에 붙이게 했다."

집으로 돌아와 부모님께 사건의 자초지종을 말씀드리자, 부모님은 피신할 것을 권했다. 백범은 부모님에게 다음과 같이 말씀드렸다.

"이번에 왜놈을 죽인 것은 사사로운 감정으로 한 일이 아니라 국가의 큰 수치를 씻기 위해 한 일입니다. 피신할 마음을 가졌다면 이번 일을 하지도 않았을 것입니다. 이미 실행한 일이기 때문에 사법적인 조치가 있을 것이니 그것에 따르도록 하겠습니다. 이 한 몸 희생하여 만인을 교훈할 수 있다면 비록 죽더라도 영광된 일입니다. 제 소견으로는 집에 있다가 당할 일을 당하는 것이 의로운 일이라고 생각합니다."

백범은 언제나 의리를 중시하였다. 그러자 부모님도 더 이상 피신할 것을 권유하지 않고, 얼마 뒤 백범은 체포되어 해주감영(감옥)에 구금되었다.(1896년 5월 11일) 해주감영에서는 정말로 모진 고문을 당했다. 정강이뼈가 허옇게 드러나고, 기절하고 깨어나기를 반복하는 고문이었다. 8월 초에는 일본인을 살해한 중대 사건이므로 일본영사관의 입회하에 재판해야한다는 일본 인천영사관의 요구로 인천 감리영으로 이송되었다.

4) 1차 투옥과 옥중 생활

당시 인천에는 갑오개혁 이후 외국인 관련 사건을 재판하는 특별재판소가 설치되어 있었다. 백범이 인천감옥으로 이감된 이유이기도 하다. 부모님의 뒷바라지는 지극했다. 어머니는 하루 세끼 밥 한 그릇씩을 감옥에 넣어 주는 조건으로 부유한 상인 집에서 밥 짓고 옷 만드는 일 등을 하였다. 일방적이고 끝없는 부모의 은혜와 사랑을 생각하며, 백범은 마음 아파했다.

심문이 있기 전 그는 장티푸스에 걸렸다. 고통이 너무 심해 자살을 시도했으나 실패하고, 자살하는 것은 옳지 않다는 생각을 하게 되었다.

(1) 당당한 진술

경무관(순검의 상급자는 권임, 권임의 상급자는 총순, 총순의 상급자가 경
무관이다) 김윤정(김순근)이 "너가 모월 모일에 안악 치하포에서
일본인을 살해한 적이 있느냐?"라고 신문하자 백범은 "본인이
그날 그곳에서 국모의 원수를 갚기 위해 왜구 한 명을 때려죽
인 사실이 있소."라고 큰 소리로 답했다. 또 그는 앞에 있는 일
본인 순사를 향해 큰 목소리로 '이놈' 하고, 다음과 같이 호령
했다.

"지금 소위 만국공법이니 국제공법이니 하는 어느 곳에 국가 간
통상 화친조약을 체결한 후에 그 나라 임금을 살해하라는 조문
이 있드냐? 개같은 왜놈아, 너희는 어찌하여 우리 국모를 살해
했느냐. 내가 살아서는 몸으로 죽으면 귀신이 되어 너희 임금을
죽이고 왜놈을 씨도 없이 다 죽여서 우리 국가의 치욕을 씻으
리라!"

또 그는 감리(개항장의 최고 책임자) 이재정을 향해 다음과 같
이 통렬하게 비판했다. "본인은 시골의 일개 미천한 백성이지

만 신민의 의리로 국가가 수치를 당하고 백일청천白日靑天(밝은 해 푸른 하늘) 아래 내 그림자가 부끄러워서 왜구 한 명을 죽였소. 그러나 나는 아직 우리 동포가 왜왕을 죽여 복수하였다는 말을 듣지 못했소. 하물며 당신들은 지금 몽백蒙白(국상을 당해 흰 갓을 쓰고 소복을 입는 것. 당시는 시해된 명성황후의 국상 중이었다)을 하고 있는데, 춘추대의에 임금과 부모의 원수를 갚지 못하면 몽백을 아니한다는 구절도 읽어 보지 못했소? 어찌 한갓 부귀와 국록을 도적질하는 더러운 마음으로 임금을 섬기시오?" 백범의 추상같은 꾸짖음에 이재정은 "그의 용기와 충의를 흠모하고, 부끄러운 마음도 비할 데 없소이다."라고 하소연하듯 말했다. 또 경무관 김윤정은 그의 모친에게 돈 150냥을 보내면서 '아들에게 보약을 사먹이라'고 하였다.

이처럼 대의명분이 뚜렷하고 기백 넘치는 백범의 진술 내용이 알려지자, 많은 사람들이 그를 존경하게 되었다. 2차 신문부터는 구경하러 온 사람들로 인산인해를 이루었다. 2차 3차의 신문이 끝나고, 그는 미결수로 감옥 생활을 시작하였다.

(2) 위정척사사상에서 벗어나다

백범은 감옥에서 무엇보다도 독서를 열심히 하였다. 부친
이 넣어 준 『대학』을 매일 읽고 외웠다. 당시 인천은 우리나라
에서 가장 먼저 개항된 항구였기에 신문화와 신서적들이 유
입되어 있었다. 감리서 관리 중에는 다음과 같이 그에게 신서
적 읽기를 권유하는 사람도 있었다.

"문을 굳게 닫아걸고 자기 것만 지키려는 구지식 구사상만으
로는 나라를 구할 수가 없소. 세계 각국의 정치·문화·경제·도
덕·교육·산업이 어떠한지를 연구해 보고, 내 것이 남의 것보다
못하면 받아들여 우리 것으로 만들어 이 나라와 백성의 살림살
이를 유익하게 하는 것이 시무를 아는 영웅이 해야 할 일이오.
외국의 것을 배척하는 사상만으로는 이 나라가 망하는 것을 구
하지 못하오. 창수와 같이 의기 있는 남자는 마땅히 신지식을
배워 장래 국가에 큰일을 해야 하오."

백범은 옳게 여겨 관리가 넣어 주는 세계역사와 세계지리에
관한 신서적(중국에서 발간되었거나 국한문으로 번역된 책)들을 탐독하

였다. 언제 사형을 당할지 모르는 죄수로서는 취하기 어려운 자세였다. 그는 '아침에 도를 들으면 저녁에 죽어도 괜찮다'는 『논어』 구절을 상기하게 된다.

신서적들을 읽고 난 그는 "오랑캐로 여겼던 서양인들이 나라를 세우고 백성을 다스리는 좋은 법규와 아름다운 풍속을 가진 반면에 높은 갓을 쓰고 넓은 허리띠를 두른 선풍도골의 우리 탐관오리들은 오히려 오랑캐의 칭호조차 받을 수 없다는 사실을 깨닫게 되었다." 그리하여 그는 "의리는 유학자들에게 배우고 문화와 제도 일체는 세계 각국에서 훌륭한 것만을 선택하여 적용하는 것이 국가의 복리가 되겠다는 생각"을 가졌다. 위정척사사상에서 벗어나 동도서기사상으로 사상적 전향을 한 것이다.

위정척사사상은 '정正'이라고 규정한 화이론적 세계관과 성리학적 전통·질서를 지키고, '사邪'로 규정한 서양과 일본적인 것을 물리쳐야 한다는 것이다. 동도서기사상은 성리학적 도덕 윤리를 지키는 반면에, 서양의 발달한 과학기술을 수용하여 부국강병을 추구해야 한다는 것이다. 우리나라보다 앞서 서양자본주의 열강으로부터 문호 개방을 강요당한 중국과 일

본도 유사한 대응을 보였다. 중국의 중체서용사상中體西用思想
과 일본의 화혼양재사상和魂洋才思想이 그것들이다.

(3) 옥중 선생이 되다

인천감옥의 대다수 죄수들은 문맹이었다. 백범은 그들에
게 자신에게 들어오는 사식私食을 나눠 주면서 열성적으로 글
을 가르쳤다. 이에 대해, 1898년 2월 15일자 『독립신문』은 이
렇게 소개했다. "인천항 감옥의 죄수 중 해주 김창수는 나이
20세라, 일본 사람과 상관된 일이 있어 갇힌 지가 지금 삼 년
인데 감옥 속에서 주야로 학문을 독실히 하며 또한 다른 죄인
들을 권면하여 공부를 시키는데…. 감옥 순검의 말이 인천감
옥은 감옥이 아니요 인천 감리서 학교라고들 한다니."

또한, 백범은 억울하게 감옥에 들어온 죄수들의 소장을 무
료로 써 주거나 간수들의 비리를 상급관리에 고발하여 개선
시킴으로서 죄수들로부터 존경을 받았다.

(4) 고종의 사형정지령

백범은 자신의 사형 집행일 당일 아침에 '김창수를 교수형

에 처한다'는『황성신문』기사를 보게 된다. 인천감옥은 그를 마지막으로 보고자 하는 면회자들로 붐볐다. 인천의 대상인大商人들과 백성들은 모금하여 그를 구명하기 위해 통문을 돌리기도 하였다. 동료 죄수들도 부모 임종 이상으로 애통해하였다. 백범은 이상하리만큼 평온한 마음으로『대학』을 읽고 외웠다. 사형 집행이 지연되다 저녁 식사 직후 간수가 다음과 같은 소식을 큰 소리로 전했다.

"아이구, 이제 창수는 살았소! 우리 감리 영감과 모든 직원과 각 청사 직원이 아침부터 지금까지 밥 한 술 못 뜨고 '창수를 어찌 차마 우리 손으로 죽인단 말이냐' 하고 말없이 서로 얼굴만 물끄러미 바라보고 한탄했소. 그랬더니 지금 대군주 폐하께옵서 대청(임금 집무실)에서 전화로 감리 영감을 부르시어 김창수의 사형을 정지하라고 친히 칙명을 내리셨다네."

고종의 사형정지령 결정 과정과 전달 과정은 천우신조였다. 다음은 백범의 회고 내용이다.

한 승지가 각 죄수의 신문서를 뒤적여 보다가 「국모보수」 네 자가 눈에 띄어 이상하게 여기고, 이미 사형집행 결재가 끝난 것이었으나 다시 임금에게 보였다. 내용을 보신 대군주께서는 즉시 어전회의를 열어 논의한 결과, 외국과 관련된 사건이기는 하나 일단 생명이나 살리고 보자 하여 전화로 친히 칙령을 내리셨다고 한다. … 그때는 인천까지 전화가 개통된 지 3일째 되는 병신년(1896년) 8월 26일이었다. 전화 개통이 3일만 늦었어도 나는 사형이 집행되었을 것이다.

당시 백범은 대단한 존경의 대상이었던 것 같다. 그의 사형정지 소식이 알려지자, 인천감옥 안팎의 모든 사람들이 자신의 일 이상으로 기뻐하였다. 이와 관련해 『일지』는 이렇게 기술하고 있다. "대군주가 친히 내린 칙명으로 김창수의 사형이 정지되었다는 소문이 퍼지자 전날 와서 영결을 고했던 사람들이 이제는 축하를 하기 위해 찾아와 옥문에 줄을 섰다. 나는 아예 옥문 안에 자리를 잡고 앉아서 며칠 동안 그들을 맞았다."

5) 탈옥과 도피 생활

(1) 탈옥

백범은 다음과 같이, 곰곰이 생각해 보았다. "대군주가 사형 정지령을 내리고, 인천 감리서에서 올린 문서 어느 곳에도 나를 죄인이라고 적지 않고, 김경득(김주경)은 자신의 전 재산을 써 가면서 나의 구명운동을 벌이고, 인천항의 누구도 내가 옥중에서 죽기를 바라지 않는다. 나를 죽이고자 애쓰는 놈은 왜구뿐이다. 왜놈들을 즐겁게 하기 위해 내가 옥중에서 죽는 것은 아무런 의미가 없는 일이지 않는가?" 그는 탈옥을 결심하였다.

1898년 3월 21일 새벽에 백범은 다른 죄수 몇 명과 함께 땅을 파고 담을 넘어 탈옥했다. 그는 서울을 거쳐 삼남 지방으로 길을 떠났다. 수원에서 며칠을 지내고 공주를 지나 은진(논산의 옛 지명)에 도착했다. 그는 감옥에서 존경받는 죄수였으므로 감옥에서 안 사람들을 찾아가 대접을 받으면서 며칠씩 지내고 노자도 얻어 이동하였다. 무주, 전주, 무안과 목포를 지나고 다시, 해남, 강진, 완도, 장흥, 보성, 화순과 순창 그리고 하동 등지를 두루 구경한 뒤 충청도 계룡산 갑사에 도착했다.

도피를 위한 유랑이었다.

(2) 마곡사에서 중이 되다

마곡사는 공주에 있는 큰 절이다. '봄은 마곡사, 가을은 갑사'라는 말이 있을 정도로 주변 경치가 아름답기로 유명하였다. 백범은 마곡사에서 상투를 자르고 중이 되어, '원종圓宗'을 법명으로 받았다. 그는 "하도 많이 돌아다니다 보니 별세계 생활도 다 한다."라는 생각을 하고, 혼자 쓴웃음을 짓기도 했으나 초보적인 불교 경전과 불가의 간단한 규칙들을 익혔다. '해명'이라는 청년 불자가 '달을 보되 그 달을 가리키는 손가락은 잊으라'는 '견월망지見月忘指'와 '참을 인忍' 자의 참뜻을 가르쳐 주었다. 큰 뜻을 이루기 위해서는 작은 것에 얽매이지 말고 참고 기다려야 한다는 것이다. 그의 말은 이후 백범의 삶에서 하나의 지침이 되었다.

그러나 반년간의 승려 생활에도 "은신수단이든 무엇이든 간에 청정적멸淸淨寂滅(번뇌 없는 깨끗한 열반의 세계)의 도법에 일생을 바칠 마음은 도저히 생기지 않았다." 백범은 하산하기로 마음먹고 '금강산으로 가서 불경을 공부하겠다'는 말을 남기고 마곡사를 떠났다.

　백범은 서울을 거쳐 해주로 와서 부모님과 상봉하였다. 부모님을 모시고 그동안의 일들을 얘기하면서 평양에 도착했다. 그는 유학자 최재학과 평양 진위대의 영관(진위대의 최고 책임자인 대대장)인 전효순의 주선으로, 평양서윤 홍순욱으로부터 '영천암 방주'로 임명되었다. 그는 반년 가까이 방주 승 노릇을 하면서, 승복을 입은 채 고기를 먹고 염불 대신 시를 외우는 생활을 했다. 아버지의 뜻을 따라서 평양에 온 뒤로는 삭발을 하지 않고, 1899년 "구시월경에 상투를 틀고 신사의 의관을 하고 부모님과 함께 고향인 해주 텃골로 돌아왔다."

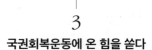

3
국권회복운동에 온 힘을 쏟다

1) 기독교 입교와 신교육사업
귀향한 백범은 삼촌의 농사를 거들면서 얼마 동안을 지냈다. 그러나 시골에서 유유자적하기에는 그의 우국충정이 너무도 강렬했다. 그는 결국 삼남 지방으로 유랑의 길을 떠났다. 삼남 지방에는 젊은 우국지사들이 많다는 생각에서, 그들을 만나 구국의 길을 의논해 볼 계획이었다. 그는 많은 젊은 선비들과 교류하였다. 이때 백범은 이름을 구龜로 바꾸고, 호는 연하蓮下로 하였다. 유생인 유완무와 성태영(한일합병 이후 민족독립운동에 헌신한 인물)이 "창수라는 이름이 드러내 놓고 사용하기에는 불편하다면서 지어 준" 것이다. 유랑 중에 그는 평생의 스승인 고 선생과 상봉했다. 고 선생은 '치하포 사건'을 '왜놈을 죽인 의거'라며 칭찬하였다. 유인석이 편찬한 『소의신편』에 '김창수는 의기남아'로 적혀 있다고도 했다. 그러나 하룻밤을 함께 지내면서 사상논쟁을 피할 수 없었다. 이미 위정척사사상에서 벗어나 애국계몽사상을 가진 백범은 스승의 위정척사사상을 그대로 수긍할 수 없었던 것이다.

그러한 중에 아버지의 병세가 위중하게 되었다. 그는 할머니가 임종하실 때 부친이 손가락 자른 일을 생각하고 자신도 그렇게 하려고 했다. 그러나 어머니가 마음 아파하실까 봐 대신 허벅지를 베어 내기로 결심하고 허벅지살 한 점을 베어 내었다. 고기는 구워서 약이라고 드시게 하고, 흐르는 피는 마시게 했다. 이러한 효심에도 불구하고 그는 아버지의 죽음을 맞게 되고, 삼년상을 치르기로 하였다.

부친상을 당한 지 1년이 지난 1902년 1월 초에 백범은 외가 쪽 친척 할머니의 결혼 권유를 받고는 다음과 같은 조건을 제시한다. 신붓감은 "첫째, 재산을 따지지 않아야 하고, 둘째, 학식이 있어야 하고, 셋째, 서로 만나서 대화를 해 보고 마음이 맞아야 한다." 당시로서는 상당히 개방적인 결혼관이다. 백범은 신지식을 습득하고 개화파 유생들과 교류함으로써 이미 개화사상을 형성한 것이다.

당시 평안도와 황해도에는 기독교가 많이 전파되고, 기독교 중심의 신교육운동이 전개되고 있었다. 신교육운동은 개화사상과 애국사상의 확산에 촉매 역할을 하였다. 백범도 "전도조사傳導助事인 유종서의 권유로 탈상 이후 기독교를 믿고 신교육사업에 힘쓰기로 결심했다." 이후 백범은 아버지의 삼년상을 치른 지 얼마 지나지 않아 약혼녀의 죽음을 맞게 된다. 이 약혼녀는 외가 쪽 친척 할머니가 중매를 서고, 백범의 결혼 조건을 받아들인 처녀였다. 탈상 후 결혼하기로 약속하고 백범에게 글을 배우던 미혼처未婚妻였다. 만성 감기를 앓다 갑자기 사망한 약혼녀를 백범은 친히 장사 지냈다.

1904년 2월에 백범은 장련읍으로 이사하고, 신교육운동과 기독교 전도에 열성적으로 종사했다. 평양에서 기독교 계통 학교 교사와 교회 직원을 대상으로 개최된 강습회에 참석하기도 하였다. 도산 안창호의 여동생과 혼담이 있었으나 성사되지 못하고, 교회에 다니는 여학생 최준례와 결혼을 약속한 뒤 최준례를 서울 경신학교로 유학 보냈다.

2) 애국계몽운동에 힘쓰다

러·일 전쟁에서 승리한 일본은 1904년 2월 23일에 군사적인 강압을 통해 한일의정서를 체결하고, 우리나라에 대한 식민지화를 노골적으로 추진해 갔다. 이어 1905년 11월 18일에 일본은 고종 황제를 강압하고 대신들을 위협하여 소위 '을사보호조약'을 체결하였다. 이 조약으로 우리나라는 주권을 일본에게 강탈당하면서 반식민지 상태에 들어갔다. 조약이 발표되자, 조약 파기 내지 국권회복 상소가 줄을 이었다. 그것들이 실효를 나타내지 못하자, 반일의병투쟁이 활발하게 전개되었다. 당시의 반일의병투쟁은 위정척사사상을 가진 재야 유생들이 주도하였다.

반일의병투쟁과 '국권회복'이라는 동일한 목표 가치를 가지면서도 수단 가치를 달리하는 국권회복운동이 전개된바, 그것은 애국계몽사상에 기초한 애국계몽운동이다. 애국계몽사상은 국권회복을 하기 위해서는 국력을 키워야 하고, 국력을 키우기 위해서는 국민의 지식을 계발하고 산업을 진흥시켜야 한다는 점을 강조하였다. 이에 대한자강회를 비롯한 많은 애국계몽단체들이 결성되고, 서양의 근대적 지식을 수용하여 보급시키고자 하는 많은 학교와 학술단체들도 설립되었다.

이러한 시대상황 속에서 백범은 애국계몽운동의 길을 걷게 된다. 이와 관련하여 『일지』는 다음과 같이 서술하고 있다.

을사년에 이른바 신조약이 체결되었다. 지사들은 나라를 구할 방법을 찾고, 산림학자(재야 유생)들은 의병을 일으켰다. 경기, 충청, 경상, 황해, 강원 등지에서 전쟁이 계속되어 동에서 패하면 서에서 일어나고, 서에서 패하면 동에서 일어났다. 그러나 허위, 이강년, 최익현, 신돌석, 연기우, 홍범도, 이범윤, 강기동, 민긍호, 유인석, 이진룡, 우동선 등은 군사적인 지식 없이 단지 의로운 분기탱천만으로 군사를 일으켜 도처에서 실패하였다.

이때 나는 진남포 에버트청년회 총무로 있었는데, 대표로 선출되어 경성 성동교회에 가서 에버트청년회 대표 위임장을 제출했다. 각 도의 청년회 대표들이 모여 겉으로는 교회사업을 토의하는 것처럼 보였지만 실제로는 애국운동이었다. 먼저 의병을 일으킨 산림학자들을 구사상이라고 하면, 기독교인들은 신사상이라고 할 수 있다. 그때 상동교회에 모인 인물들은 진덕기, 정순만, 이준, 이석(이동녕), 최재학, 계명류, 김인즙, 옥관빈, 이승길, 차병수, 신상민, 김태연(김홍작), 표영각, 조성환, 서상팔, 이항직, 이희간, 기산도, 김병헌, 유두환, 김기홍, 김구 등이었다. 회의 결과 상소를 올리기로 했다. …

국가 흥망에 대한 절실한 각오가 적은 민중과 함께 무슨 일이나 실효 있게 할 수가 없었다. 바꿔 말하면, 민중의 애국사상이 박약한 것이었다. '7년 묵은 병에 3년 묵은 쑥을 구한다'는 격으로 때는 늦었지만, 인민의 애국사상을 고취하여 인민들이 국가가 곧 자기 집인 것을 깨닫고, 왜놈이 자신의 생명과 재산을 강탈하고 자기 자손을 노예로 삼을 것을 분명히 깨닫도록 하는 것이

유일무이한 방법이라고 생각했다. 동지들은 사방으로 흩어져서 애국사상을 고취하고 신교육을 실시하기로 하였고, 나도 이 결정에 따라 황해도로 돌아와 교육사업에 힘썼다.

33세 때인 1908년 9월부터는 문화 초리면의 서명의숙에서 아이들을 가르치다가, 이듬해 1월에는 안악읍의 양산학교로 옮겼다. 안악에 오자마자 태어난 지 며칠밖에 안 된 첫딸을 잃었다. 백범은 오랜만에 고향 해주를 방문했다. 성묘를 마치고 고향 사람들을 만나 본 그는 크게 실망하였다. 양반도 상민도 하나같이 반식민지 상태인 조국의 현실에 대해 무지하고 아무런 의식도 없었기 때문이다. 안타까움에 백범은 고향 사람들을 모아 놓고 환등기를 돌리면서 이렇게 절규하였다. "양반도 깨어라, 상놈도 깨어라. 삼천리강토와 이천만 동포에 게 충성을 다하여라."

백범은 양산학교를 확장하여 중학부와 소학부를 두었다. 그는 황해도와 평안도에서 신망이 높았던 평양의 최광옥 등 다른 교육자들과 의논하여 해서교육총회를 조직하고, 학무 총감이 되어 도내에 교육기관을 설립하고 운영하는 책임을 맡았다. 총회 회장은 나중에 임시정부의 국무총리를 역임한 노백린이었다. 이 시기 백범은, 1926년에 의혈단원으로 조선식산은행과 동양척식주식회사에 폭탄을 투척했으나 불발로 실패하자 자결한 나석주 의사와 교육사업을 의논하기도 하였다.

3) 3차 투옥과 서대문감옥 생활

(1) 신민회 참여

1907(6?)년 4월에 애국계몽운동가인 안창호, 양기탁, 전덕기, 이동휘, 이동녕, 이갑, 유동열 등 7인을 발기인으로 하여 비밀결사인 신민회가 조직되었다. 1910년 가을에 개최된 신민회 비밀간부회의에는 백범도 참석하였다. 이에 관해, 『일지』는 다음과 같이 적고 있다.

경성에서 양기탁의 주도로 신민회가 비밀회의를 개최한다는 연락을 받고 나도 참석했다. 이때 양기탁의 집에 모인 사람은 양기탁, 이동녕, 안태국, 주진수, 이승훈, 김도희, 김구 등이었다.

비밀회의에서는 다음과 같은 사항을 결정하였다. 지금 일본이 이른바 통감부를 설치하고 전국을 통치하니, 우리도 경성에 비밀리에 도독부를 설치하여 전국을 다스린다. 만주 이민 계획을 실행에 옮기고 무관학교를 설립하고 장교를 양성하여 장차 광복운동을 일으킨다.

비밀간부회의에서 백범은 황해도 대표로 선정되었다. 안악으로 돌아온 그는 만주 이민과 무관학교 설립에 필요한 자금을 모으는 한편, 만주 이주자 모집을 추진하였다. 그와 동시에 '신민회 결의' 내용인 '전 국민에게 민족의식과 독립사상을 고취할 애국계몽교육 진흥'에 힘썼다.

(2) 안명근 사건과 3차 투옥

백범은 양산학교와 재령의 보강학교 등을 운영함과 동시에, 황해도 각 군을 순회하면서 애국계몽운동에 헌신하였다. 순회강연에서 그는 신교육의 필요성과 애국사상 고취를 역설하였다. 1909년 10월에 이토 히로부미를 저격한 안중근 의사의 의거 사건에 연루된 혐의로 체포되어 한 달여 수감되었다가 혐의가 없어 불기소로 풀려났다.

어느 날 안중근의 사촌 동생인 안명근이 다음과 같은 거사 계획을 제안하였다. '황해도 각 군의 왜구를 각기 그 군에서 도살하면, 비록 실패하더라도 다른 지방에 영향을 미칠 것이다.' 이에 대해 백범은 다음과 같이 간곡히 만류했다. "장차 대규모 전쟁을 하려면 인재를 양성하지 않고는 성공을 기약할 수 없고, 일시적인 격분으로는 닷새는커녕 사흘의 성공도 기대하기 어렵소. 그러니 노여움을 참고 많은 청년을 북쪽 지대로 데려가 군사교육을 실시하는 것이 가장 시급한 일이오." 그런 일이 있은 며칠 뒤 안명근은 사리원에서 체포되어 경성으로 압송되었다.

1910년 일본은 '한일합병조약'을 통해(8월 22일 조인하고 29일 공포) 우리나라의 국권을 탈취했다. 우리나라를 강점한 일제는 총독에 의한 무단통치를 실시했다. 무단통치는 헌병경찰제도와 군대 주둔을 통해 자행되었다. 헌병경찰제도는 헌병에게 일반경찰의 기능까지 부여하는 것이다. 일제는 '기포성산碁布星散'이라는 방법으로 식민지 지배를 강화했다. 이 방법은 낱말의 뜻대로 바둑판에 깔린 바둑알과 가을 하늘에 떠 있는 무수한 별과 같이 경찰서와 순사주재소 및 헌병분견소들을 배치해 통치하는 것이다. 그리하여 전국의 수많은 애국지사들을 검거하여 감금하고 고문했으며 투옥 또는 살육하였다.

1911년 2월에 백범은 안명근 사건 관련자로 체포되어 서울로 압송되었다. 호송 열차에서 이승훈을 만나고, 총독부 임시 유치장에서 지독한 고문을 당했다. 전국에서 수많은 애국운동가들을 체포함으로써 임시유치장을 설치해야 할 정도였다. 황해도에서만 100명 이상이 체포되었다. "왜놈이 우리나라를 강점한 후 첫 번째로 국내의 애국자들을 그물 훑듯이 수색하여 체포한 것이다."

백범은 주야로 정신을 몇 번이나 잃을 정도로 혹독한 고문을 당했다. 여덟 번의 심문에서 일곱 번이나 혼절하는 고문을 받았다. 그럼에도 불구하고, 그는 "다른 사람의 생사가 자신의 혀끝에 달렸음을 깊이 깨닫고, 결심에 결심을 더해" 다른 사람을 끌어들이지 않았다. 그는 1911년 7월 22일 경성지방재판소에서 15년형을 선고받고, 9월에 항소심이 기각된 뒤 서대문감옥에 수감되었다.

(3) 서대문감옥 생활

백범은 많은 동지들과 함께 감옥 생활을 함으로써 매일 서로 얼굴을 보고, 이야기하는 것을 즐거움으로 삼았다. "비록 육신은 갇혔더라도 정신으로는 왜놈을 짐승처럼 대하고 쾌활한 마음으로 낙천적인 생활을 하기로 마음먹었다." 당시 서대문감옥에는 김좌진도 북간도에 군관학교를 설립하기 위한 자금을 모으다 체포되어 투옥 중이었다. 백범은 당시 청년이던 그를 만나 출옥 후의 독립운동에 대한 얘기도 하고, 김 진사로 불리는 활빈당 두령을 만나 "뒷날 국가를 위한 일에 참고하기 위해" 활빈당의 조직과 훈련에 대해 자세한 설명을 듣기도 하였다. 백범은 김 진사의 설명을 들으면서 비밀결사였던 신민회의 "조직과 운영이 아주 유치한 것을 깨닫고 부끄러움을 금할 수 없었다."『일지』에 그때 들은 내용들을 똑똑하게 기억하고 자세하게 기술하고 있다는 점에서 볼 때, 백범이 임시정부를 운영하면서 많이 활용했을 것으로 여겨진다. 언제, 어디서든 열심히 배우고 새기는 그의 자세를 엿볼 수 있다.

1912년 9월에 일본 메이지천황의 사망에 따른 사면령으로 백범의 형은 7년형이 되고, 몇 달 뒤 메이지의 처가 또 사망하여 5년형으로 감형되었다. 형기가 2년밖에 남지 않자, 백범은 밤낮으로 출옥 후 할 일에 대해 생각하였다. 먼저 그는 이름과 호를 바꿨다. 바꾼 까닭에 대해 『일지』는 이렇게 밝히고 있다.

출옥 후 변절하지 않겠다는 결심의 표시로 이름을 '구九'로, 호를 '백범白凡'으로 고쳐서 동지들에게 알렸다. 구龜를 구九로 고친 것은 일본 호적에서 벗어나기 위해 한 것이고, 연하를 백범으로 고친 것은 감옥에서 여러 해 동안 연구한 결과 우리나라 하등사회, 곧 백정白丁이나 범부凡夫들도 애국심이 지금의 나 정도는 되어야 완전한 독립 국민이 될 수 있겠다는 간절한 소망 때문이었다.

복역 중 그는 뜰을 쓸거나 유리창을 닦을 때 하느님께 이렇게 기도했다고 한다. "하나님! 우리가 언젠가 독립정부를 건설하거든 내가 그 집의 뜰도 쓸고, 유리창도 닦는 일을 해 보고 죽게 하여 주시옵소서!"

그 후 백범은 형기를 2년도 못 남기고 인천감옥으로 이감되었다. 1898년 3월 9일 한밤중에 탈옥한 후 17년 만에 다시 온 것이다. 이것은 서대문감옥에서 제2과장인 일본인과 싸운 것에 대한 보복 조치였다. 인천감옥은 죄수들을 축항공사에 사역시키는 힘든 곳이었다. 견디기 힘들 정도로 가혹한 사역이었다.

(4) 출옥과 상하이 망명

1915년 8월 21일에 백범은 가석방되어 고향으로 돌아왔다. 마중 나온 어머니로부터 "일곱 살도 안 된 딸이 아버지를 보고 싶어하다 서너 달 전에 죽었다."라는 말을 들어야 했다.

백범은 어릴 적에 어머니로부터 '술 때문에 낭패를 많이 보는 집안이니 너는 결단코 술을 입에 대서는 안 된다'라는 엄명을 받은 바 있다. 이후 그는 술을 마시지 않았다. 그러나 출옥한 며칠 뒤, 그를 위로하기 위해 마련한 자리에서 평소 술을 마시지 않던 그는 기생이 주는 술을 받아 마시고 기생의 가무도 보았다. 당시 그의 아내는 안신학교 교사로 근무하면서 교실 한 칸에 어머니와 함께 살고 있었다. 모임 장소와 학교의 거리가 멀지 않아 어머니가 노랫소리를 듣게 되었다. 어머니는 아들을 호출했다. 불려 온 백범은 "내가 여러 해 동안 이 고생을 한 것이 오늘 네가 기생 데리고 술 먹는 꼴을 보고자 함이었더냐?"라는 어머니의 호된 꾸지람을 들었다. 한없이 자상하고 희생적이었던 어머니의 엄한 질책이었다.

그는 아내가 근무하는 안신학교에서 가르치는 일을 도우며 지내던 중 1916년 5월에 형 만기로 자유의 몸이 되었다. 김씨 문중의 공동소유인 동산평농장 농사 감독을 맡아 소작인들을 관리하였다. 백범은 '취학연령 아이를 입학시키는 사람에게는 좋은 소작지 두 마지기를 주고, 그러지 않는 자에게는 좋은 소작지 두 마지기를 회수한다'는 규정을 정해 시행했다. 그러고는 소학교를 세워 운영하였다. 1917년에는 셋째 딸이 태어났으나 일 년도 안 돼 죽고, 이듬해 11월에 아들 인仁이 태어났다.

얼마 지나지 않아 3·1운동이 일어나고, 안악읍의 청년들이 함께 만세운동할 것을 권했으나 백범은 "독립은 만세만 불러서 되는 것이 아니고 장래 일을 계획하고 진행해야 할 것인즉, 나의 참여 여부에 구애받지 말고 자네들은 만세를 부르라" 하고 돌려보냈다. 그는 중국으로 갈 결심을 하고 소작인들과 농장 일에 몰두하는 것처럼 하여 감시하는 헌병들을 속이고는 신의주로 갔다. 중국인 인력거를 타고 다리를 건너 중국 안동현에 도착했다. 그곳에서 좁쌀장수로 변장하고 여관에서 일주일을 보낸 후, 4일간의 항해 끝에 4월 13일 일행 15명과 함께 상하이에 도착하였다. "제일 먼저 10여 년 동안 밤낮으로 그리던 이동녕 선생을 찾아갔다." 백범과 이동녕은 1910년 신민회 비밀간부회의에서 처음 만났다. 이동녕은 백범을 아꼈고 백범은 이동녕을 존경했다. 상하이에서 만난 두 사람은 이후 민족독립운동을 함께 하면서 언제나 뜻과 행동을 같이하였다.

4
민족독립운동에 온몸을 던지다
—임시정부를 짊어지고

1) 임시정부의 경무국장을 맡다

당시 상하이는 중국 혁명(청조를 타도하고 중화민국을 수립한 신해혁명)의 중심지로서 교통의 요지이며 일제의 탄압을 적게 받을 수 있는 곳이었다. 그런 점에서 일찍부터 많은 독립운동가들이 이곳으로 망명하였다. 특히 3·1운동 이후에는 국내외에서 활동하던 독립운동인사들이 대거 이곳으로 모였다. 신한청년단(1918년 11월에 여운형, 김규식 등이 조직한 독립운동단체)을 중심으로 하여 임시정부 수립이 논의되고, 1919년 4월 10-11일에 각 도의 대표자들을 의원으로 하는 제1차 임시의정원 회의가 개최되었다. 이 회의는 국호와 관제를 정하고, 국무원들을 선출하고, 임시헌장(임시헌법)을 의결·선포함으로써 대한민국임시정부를 출범시켰다. 이 헌장 제1조는 '대한민국은 민주공화국으로 한다'고 규정하고 있다.

4월 13일에 도착한 백범은 22일에 열린 제2차 임시의정원 회의에 참석했다. 그는 임시의정원 의장인 이동녕의 추천으로 각 부 위원을 선출하는 15인의 선거위원으로 선임되고, 10명의 내무부위원 중 1인으로 선출되었다. 6월 8일에 도산 안창호가 내무총장에 취임하자, 백범은 그에게 임시정부의 문지기를 자원하였다. 이후 8월 12일에 정식으로 경무국장에 취임하였다. 임시정부 경무국장의 임무는 정보수집, 일본 밀정과 변절자들 처단 및 독립운동가들의 신변 보호 등이었다. 당시 임시정부는 상하이 프랑스 조계 안에 있었지만 일본 경찰과 많은 일본 밀정들로부터 감시와 생명의 위협을 받고 있었다. 백범은 5년 동안 많은 변절자들을 처단하거나 전향시키고, 동포들과 임시정부 요인들을 위험으로부터

경무국장 시절의 백범

보호하는 등의 일들을 열성적으로 수행함으로써 임정의 독립운동에 크게 기여하였다.

이 시기 백범은 기쁜 일과 슬픈 일을 함께 겪었다. "민국(상하이 임시정부의 연호) 2년에 아내가 아들을 데리고 상해로 건너와 함께 살았다." 그의 어머니도 민국 4년에 상하이로 왔다. 그해 8월에는 둘째 아들 신(信)이 태어났다. 그의 생애 중 가장 오랫동안 온 가족이 함께한 시기였다.

백범 아내의 묘비

그러나 당시 백범의 가정은 끼니를 걱정해야 하는 형편이었다. 극도로 쇠약한 상태에서 둘째 아들 신을 출산한 그의 아내는 계단에서 미끄러졌고, 이 사고로 갈비뼈가 부러지면서 폐를 찔러 폐렴으로 진행되었다. 입원한 병원이 일본인 지역이어서 백범은 문병조차 갈 수 없었다. 결국 1924년 1월 1일에 36세의 아내 최준례는 2년여 고생하다 사망하였다.

2) 임시정부를 지켜 내다

수립 초기의 임시정부는 통일된 모습으로 민족독립운동을 전개해 나갔다. 상하이 임시정부가 국내의 한성정부(1919년 4월 23일에 13도 대표가 서울에서 개최한 국민대회에서 선포된 임시정부)와 대한국민의회정부(시베리아 지방 한국인의 핵심단체인 대한국민의회가

1919년 3월 21에 공포한 임시정부)를 통합하여, 9월 11일에 단일의 대한민국정부를 출범시켰다. 임정은 대한민국임시헌법을 공포하고, 이승만을 대통령으로 하는 내각을 발족하였으며 연통제聯通制(임시정부가 국내외 업무 연락을 위해 설치한 비밀행정조직)로 거의 모든 국내외 독립운동단체들을 통합하였다. 그러나 1920년부터는 임정이 분열되기 시작했다. 당시의 상황을 『일지』는 이렇게 기술하고 있다.

대한민국 원년(1919년)에는 국내외가 일치하여 민족독립운동으로만 매진하였다. 그러나 세계사상의 흐름이 봉건이니 사회주의니 하면서 점차 복잡해지자, 단순하던 우리 민족운동진영도 분열하고 음으로 양으로 싸우게 되었다. 임시정부 직원들 사이에서도 공산주의니 민족주의니 하는 분파적 충돌이 격렬해졌다. 심지어 대통령과 각부 총장들도 각자 자신이 옳다고 여기는 사상에 따라 분열했다. 국무총리 이동휘는 공산혁명을 부르짖고, 대통령 이승만은 민주주의를 주창하여 국무회의 자리에서도 가끔 다툼이 일어났다.

1919년 11월에 임정의 국무총리로 취임한 이동휘는 1920년 5월에 한국공산당을 결성하고, 백범에게도 입당을 권유했다. 백범은 이동휘에게 "우리가 공산혁명을 하는 데 제3국제당 (1919년 레닌이 조직한 코민테른)의 지도나 명령을 받지 않고 우리 스스로 할 수 있습니까?"라고 물었다. 이동휘가 "그것은 불가능하다"라고 대답하자, 백범은 강경하게 말했다.

"우리의 독립운동이 한민족의 자주성 없이 제3자의 지도나 명령에 따라 추진되는 것은 민족의 자존성을 상실한 의존성 운동입니다. 선생이 우리 임시정부 헌장에 어긋나는 말을 하는 것은 전혀 옳지 못하니 선생의 지도를 따를 수 없습니다. 선생이 자중하시길 권고합니다."

여기서 우리는 백범의 투철한 민족주체 의식과 독립운동의 원칙을 찾아볼 수 있다.

한편 임시정부는 지연 혈연 학연 그리고 사상과 주의 주장의 대립으로 분열이 심화되어 갔다. 심지어 임정 무용론까지 대두하였다. 1923년 1월 3일부터는 국내외에 산재해 있던 여러 독립운동단체의 대표들이 상하이에 모여 '국민대표회의'를 개최했다. 이 회의는 6개월 동안이나 독립운동의 방법과 방향 등을 논의했다. 그 과정에서 임정을 해산하고 새로운 정부를 조직하자는 창조파와 현재의 임정을 유지하면서 부분적으로 개편하자는 개조파가 첨예하게 대립하게 되었다. 이승만, 안창호, 김구 등은 현 임정을 그대로 유지하자는 입장을 취했다.

분열 속에서 국민대표회의를 장악한 창조파가 '한성정부'라는 새로운 임시정부를 조직하였다. 이 지경에 이르자 1922년 9월 24일 임시의정원에서 내무총장 임명인준을 받고도 취임하지 않고 있던 백범은 1923년 6월 6일에 취임함과 동시에 내무부령 제1호로 '국민대표회의 해산령'을 발표했다. 임시정부를 지켜 내기 위한 결단력과 추진력 있는 조치였다.

당시 임시정부의 혼란에는 임정 초대 대통령인 이승만의 책임도 컸다고 할 수 있다. 이승만은 미국에 체류하고 있었다. 1925년 3월에는 임정의정원에서 이승만 대통령 탄핵안이 통과되었다. 탄핵안 통과에는 그의 '위임통치론'과 대통령 직무를 제대로 수행하지 않았다는 점 등이 사유로 작용하였다. 앞서 이승만은 1919년 1월에 미국 대통령 윌슨Woodrow Wilson에게 청원서를 낸 바 있었다. 청원서 내용은 '열강은 한국을 일본의 학정으로부터 구출할 것, 열강은 장래 한국의 완전 독립을 보장할 것, 한국을 당분간 국제연맹 통치하에 둘 것' 등이다. 신채호와 김창숙 등은 이 위임통치 청원을 문제 삼아 이승만의 대통령 선출을 반대하고, 임정 참여를 거부하였다. 단재 신채호는 '이완용은 있는 나라를 팔아먹었지만, 이승만은 없는 나라를 팔아먹으려 했다'고 비판했다. 대통령으로 선출된 이승만이 계속 미국에 머물자, 1920년 3월 임정 의정원은 상하이로 돌아올 것을 촉구하는 결의안을 통과시켰다. 그러자 이승만은 12월에 상하이로 왔으나, 이듬해 5월에는 다시 미국으로 돌아가 계속 그곳에 머물고 있었다. 탄핵안 통과 이후 백범은 임시정부의 체제를 확립해 갔다.

　독립운동단체들의 분열과 대립이 심해지자, 1925년 하반기에 안창호 등은 민족독립운동세력의 대동단결론을 제창하였다. "1926-1927년에는 북경과 상해 등지에서 유일독립당 촉성회들이 결성되었다." 그러나 유일당운동은 당의 성격이나 목적을 놓고 민족주의자들과 공산주의자들이 갈등함으로써 결실을 보지 못했다. 이와 관련된 『일지』 내용은 다음과 같다.

국민대표회의가 실패한 뒤에도 상해에서는 통일이라는 미명 아래 공산운동자들이 끊임없이 민족운동가들을 포섭하려고 애를 썼다. … 레닌이 공산주의자들에게 '식민지운동은 복국운동이 사회운동보다 우선한다'고 한마디 하자마자 어제까지 민족운동, 곧 복국운동을 비난하고 비웃던 공산주의자들은 태도를 바꾸어 독립 민족운동이 공산당의 기본방침이라고 주장하였다. 여기에 민족주의자들이 적극적으로 호응하여 유일독립당촉성회가 조직되었다.

그러나 촉성회는 1929년 10월에 공산주의세력의 노선 전환으로 해체되었다. "그 후 민족주의자 이동녕, 안창호, 김구, 조완구, 이유필, 차이석, 김봉준, 송병조 등은 한국독립당을 조직하였다. 이로부터 민족주의자와 공산주의자는 조직을 따로 갖게 되었다." 공산주의세력은 주로 남북 만주에서 활동하고, 상하이의 임시정부는 인적 자원이나 재정은 물론 모든 면에서 약화되었다.

3) 임시정부 국무령에 취임하다

처음 출범할 당시의 임시정부는 천여 명의 독립운동가들이 함께했다. 그러나 노선 갈등, 지도자들 사이의 분열, 자금 부족 등으로 나날이 쇠락해 갔다. 임정 지도부도 자주 교체되었다. 1925년 3월에는 대한민국 임시정부 초대 대통령이던 이승만이 해임되고, 박은식이 제2대 대통령이 되었다. 박은식은 서간도(백두산 서남쪽, 압록강 건너편 지방)에서 활동하던 이상룡을 초대 국무령으로 선출했다. 그러나 이상룡과 2대 국무령으로 선출된 홍민희가 내각 조직에 실패함에 따라 임정은 사실상 무정부상태에 빠졌다. 그러자 "임시의정원 의장인 이동녕이 백범에게 국무령으로 취임하여 조각할 것을 권유하였다." 그러나 백범은 한사코 사양했다. 핵심적인 이유는 "자신과 같이 미천한 자가 국가 원수가 되는 것은 국가와 민족의 위신을 크게 떨어뜨린다."라는 것이었다. 그러나 "임시정부를 무정부상태에서 벗어나게 해 달라."라는 이동녕의 간곡한 권유가 계속되자 백범은 1926년에 국무령으로 취임하였다. 그는 제3차 개헌을 통해 국무령제를 국무위원제로 바꾸고, 국무위원들이 교대로 주석을 맡아 모두 평등한 권리를 갖도록 하였다.

당시 임정의 재정 상태는 최악이었다. 임정 청사의 집세도 제대로 내지 못해 집주인으로부터 이따금 소송을 당할 정도였다. 당시의 궁핍함은 다음의 『일지』 내용에 잘 나타나고 있다.

그 무렵 우리 집 쓰레기통 안에는 근처의 채소장수가 버린 배추 껍데기가 많았다. 어머님은 매일같이 밤이 으슥해지면 쓰레기통을 뒤져서 먹을 만한 것을 골라 와 소금물에 담가 두었다가 찬거리를 하기 위해 항아리를 여러 개 만드셨다.

백범은 1924년에 아내를 잃었다. 이듬해에는 상하이 생활을 계속하기가 어렵다고 판단한 그의 어머니가 둘째 손자를 데리고 귀국하였다. 얼마 뒤에는 큰아들도 본국으로 보냈다. 혼자 생활하던 국무령 백범은 "잠은 임정 청사에서 자고 밥은 직업을 가진 동포들의 집을 다니며 얻어먹고 지냈다." 이와 같은 상황에서도 백범은 임시정부를 반드시 지켜 내야 한다는 일념이었다. 백범에게는 3·1운동에 나타난 전 민족의 의지를 바탕으로 수립된 임시정부를 중심으로 민족독립운동을 전개하는 것이 대의大義였기 때문이다. 그는 언제나 대의에 충실하였다.

4) 임시정부의 활로를 찾다 — 이봉창과 윤봉길 의거

1920년대 후반의 임시정부는 침체할 대로 침체했다. 혈안이 된 일본의 감시와 생명의 위협 때문에 많은 사람들이 변절하거나 독립운동을 포기하였다. 그뿐만 아니라 이념 등 여러 가지 이유로 독립운동가들과 독립운동단체들은 사분오열했다. 이때의 임정 형편에 대해, 백범은 『일지』 하권, '머리말'에서 아래와 같이 회고한 바 있다.

10여 년 동안 임시정부를 외롭게 지켰으나 기미년(1919) 이래로 독립운동이 점점 약해져서 정부라는 이름마저 지키기 어렵게 되었다. 그때 떠돌던 말과 같이 몇몇 동지들과 함께 외딴 섬 해질녘에 슬픈 깃발을 날리며, 운동도 부진하고 죽을 날도 가까웠다. 그래서 '호랑이 굴로 들어가지 않으면 호랑이를 잡을 수 없다'는 말처럼, 침체한 국면을 타개하기 위해 무슨 일이든지 하지 않으면 안 된다는 생각을 했다. …
임시정부라고 해야 이름만 있고 실체가 없어 외국 사람은 물론이고, 국무위원들과 열댓 명의 의정원 의원 말고는 찾아오는 동포들도 없었다.

그는 쇠락한 임정을 위기에서 구하기 위해 노심초사하였다. 임정을 유지하기 위해서는 해외 동포들로부터 도움을 받을 수밖에 없었다. 그래서 애국심이 강한 "미주 동포들에게 편지로 임정의 어려운 사정을 알리고 정부에 성금을 내게 할 계획을 세웠다." 그 결과, 진정성 있는 백범의 편지를 받아 본 시카고와 샌프란시스코, 하와이, 멕시코와 쿠바 등지의 동포들이 후원을 약속했다.

하와이의 안창호(도산 안창호와는 동명이인)와 임성우 등은 "우리 민족에게 큰 도움이 되는 사업을 할 계획이 있으면, 필요한 자금을 주선하겠다."라는 편지를 보내왔다. 백범은 이런 답장을 보냈다. "무슨 사업을 하겠다고 말할 수는 없지만, 간절히 하고 싶은 일이 있으니 돈을 모아 두었다가 보내라는 연락이 있을 때 보내주시오." 그때부터 그는 우리 민족에게 큰 도움이 될 일에 대해 연구하였다.

(1) 한인애국단 결성과 이봉창 의사의 일황 폭살기도

1931년 9월 18일에 일본은 만주를 침략하는 만주사변을 일으켜 다음 해에 만주괴뢰국을 수립하였다. 일본은 100만여 명에 이르는 관동군으로 만주를 통치했다. 그러자 중국에서도 항일투쟁이 고조되었다. 침체되어 있던 "임정도 국무회의에서 '한인애국단'을 조직하여 암살 파괴 등의 공작을 실행하기로 결정했다." 구체적인 활동과 자금 사용은 백범에게 일임하였다. 전권을 위임받은 백범은 1931년 11월에 비밀결사로 한인애국단을 결성하였고 단장을 맡았다. 한인애국단의 의열투쟁 제1호가 이봉창 의거이다.

일찍이 항일 의식을 가졌던 이봉창은 성장하면서 안중근 의사를 존경하고, 민족독립운동에 투신하고자 하는 의지를 가졌다. 19세 때부터 용산철도국에서 견습생으로 일하다 24세 때 일본으로 건너갔다. 민족독립운동에 헌신하고자 하는 자신의 의지를 행동으로 옮기기 위해 1931년에 이봉창은 상하이로 와서 백범을 만났다. 이봉창 의거에 대해 『일지』는 다음과 같이 서술하고 있다.

이봉창 의사(1900-1932)

임시정부 재무부장과 (상해)한인교민단장을 겸하고 있을 때였다. 하루는 중년의 동포 한 사람이 찾아와 이런 말을 했다.

"저는 일본에서 온 노동자입니다. 상해에 임시정부가 있다는 말을 듣고 독립운동을 하고 싶어 며칠 전에 상해에 왔습니다." …

"내일 다시 만나 얘기하기로 합시다." …

며칠이 지난 어느 날, 이봉창이 … 술과 국수를 민단 직원들과 함께 먹으면서 떠드는 소리가 들렸다. …

"내가 작년 동경에 있을 때 어느 날 능행하는 천황을 본 적이 있소. 그때, 엎드려 있으면서 '지금 내게 폭탄이 있으면 천황을 쉽게 죽일 수 있을 텐데'라고 생각하면서 아쉬워했습니다."

그날 저녁에 이 씨가 묵고 있는 여관을 조용히 찾아가서 그와 흉금을 터놓고 서로 이야기했다. 이 씨는 과연 의기남아로서 살신성인할 큰 결심을 하고 임시정부를 찾아온 것이었다. 그는 나에게 자신의 포부를 이렇게 말했다.

"제 나이 31세입니다. 앞으로 이만큼 더 산다 한들 지난 반생 동안 맛본 것보다 무슨 재미가 더 있겠습니까? 인생의 목적이 쾌락이라면 지난 삼십 년 동안 대충 맛보았으니, 이제는 영원한 쾌락을 얻기 위해 독립운동에 헌신하고자 상해에 왔습니다."

이 씨의 위대한 인생관을 듣자, 감동의 눈물이 계속해서 쏟아졌다. 그는 나에게 나랏일에 헌신할 수 있도록 지도해 달라고 요청했다.

"1년 안에 할 일을 준비하겠소."

이봉창과 약속한 1년이 다 되어갈 무렵 백범은 하와이에서 온 후원금으로 수류탄 2개(일황 폭살용 1개와 자살용 1개)와 일본에 갈 여비를 마련하여 그를 만나 함께 밤을 보냈다. 다음날 안 공근의 집에서 선서식(선언문: 나는 조국의 자유와 독립을 회복하기 위하여 한인애국단의 일원이 되어 적국의 수괴를 도륙하기로 맹세하나이다. 대한민국 한인애국단 앞)을 하고 기념사진을 찍고, 이봉창은 일본으로 출발했다.

우리가 아는 바와 같이, 1932년 1월 8일의 이봉창 일황 폭살 시도는 애석하게도 실패하였다. 그러나 이 의거는 우리나라 의 독립의지를 세계에 알리고 침체에 빠진 임시정부의 위상 을 높이는 계기가 되었다.

(2) 윤봉길 의사의 침략원흉 폭살의거

백범은 이봉창 의사의 의거 외에도 한인애국단의 의열투쟁 을 추진하였다. 다음은 『일지』의 관련 내용이다.

나는 이덕주와 유진식에게도 국내에 잠입하여 일본총독을 암살 하라는 명령을 주었다. 뒤이어 유상근과 최흥식에게도 기회를 보아 만주의 혼조 시게루(관동군사령관) 등을 암살하라고 지시하였다.

안타깝게도 이 두 계획은 사전에 발각되어 뜻을 이루지 못했다. 백범이 다음으로 추진한 것이 윤봉길 의거이다.

충남 예산 출신인 윤봉길은 고향에서 농촌계몽운동을 하다가 보다 큰일을 하고자 1931년 5월에 상하이로 왔다. 백범의 주선으로 박진(임정 임시의정원 의원 역임)이 경영하는 회사에 다니다 그만두고 행상을 하고 있었다. 백범에 대한 윤봉길의 존경심은 대단했다. 그는 백범의 정직하고 솔직담백한 성품과 높은 기개, 그리고 투철한 애국 애족과 민족독립 정신을 숭배하였다. 윤봉길은 백범에 대해 다음과 같은 한시漢詩를 지을 정도였다.

높고 높은 저 청산같이 만물을 실어 기른다.
저 빽빽한 푸른 소나무처럼 사시장철 변함이 없으시다.
저 깨끗한 봉의 날개는 천 길이나 드높게 날아다녀 온 세상 모두 흐려도 선생만은 홀로 깨끗하시다.

늙을수록 더욱 씩씩한 것 이것은 선생의 그 의기일 뿐 꿈에도 잊지 못할 것은 선생의 붉은 정신이어라.

당시 일본 경찰은 이봉창 의거의 주모자로 백범을 지목하고, 그를 체포하기 위해 혈안이 되어 있었다. 어느 날 윤봉길은 수배 중인 백범을 찾아와 다음과 같이 부탁했다.

"제가 채소 바구니를 메고 날마다 홍구 방면으로 다니는 것은 큰 뜻을 품고 천신만고 끝에 상해에 온 목적을 이루기 위해서입니다. 중일전쟁도 중국에게 굴욕적인 정전협정이 이루어질 모양입니다. 아무리 생각해 보아도 죽을 만한 마땅한 자리를 찾을 길이 없습니다. 그러나 선생님에게는 동경 사건(이봉창 의거)과 같은 경륜이 있을 줄 믿고 찾아왔으니, 저를 믿고 지도해 주시면 그 은혜는 죽어도 잊지 않겠습니다."

민족독립을 위한 윤봉길의 크고 의로운 뜻에 백범은 감복하고, 자신의 속마음을 털어 놓았다.

"'뜻이 있으면 마침내 일을 이룬다(有志者有竟成)'고 했으니 안심하시오. 요즘 내가 연구하는 바가 있으나 마땅한 사람을 구하지 못해 고민 중이었소. … 신문을 보니 왜놈이 싸움에 이긴 위세를 업고 4월 29일에 홍구공원에서 이른바 천황의 천장절(천황의 생일) 경축식을 성대히 거행하여 군사적 위세를 과시할 것이라 하오. 그러니 군은 이날 일생의 큰 뜻을 펴 보는 것이 어떠하오?"

윤봉길이 흔쾌히 승낙하자, 백범은 준비에 착수했다. 마침 일본인들에 대한 일본 영사관의 다음과 같은 공지가 신문에 게재되었다. "4월 29일에 홍구공원에서 천장절 축하식을 거행한다. 그날 식장에 참석하는 사람은 물병 한 개와 점심 도시락과 국기 하나씩을 지참하고 입장하라." 그는 이봉창 의거의 실패를 거울삼아 철저하게 준비했다. 폭탄도 불발하는 일이 없게 전문가에게 특별히 부탁하여 제조하였다.

백범은 윤봉길과 마지막 밤을 보내면서 이봉창 때와 같이 유서를 쓰게 했다. 윤봉길의 유서 내용은 이러하다. "강보에 싸인 두 병정에게 — 모순과 담. 너희도 피가 있고 뼈가 있다면 반드시 조선을 위하여 용감한 투사가 되거라. 태극 깃발을

윤봉길 의사(1908-1932)와 백범

드날리며 나의 빈 무덤 앞에 한잔 술을 부어 놓아라. 그리고 아비 없음을 슬퍼하지 마라."

29일 두 사람은 아침을 함께 하고, 뒷날 독립된 조국의 지하에서 다시 만나자는 작별 인사를 하였다. 윤봉길은 앞으로 1시간밖에 쓸 일이 없다며, 2원짜리 백범의 시계와 6원짜리 자기 시계를 바꾸자고 했다. 폭탄이 든 도시락과 물병을 건네받은 윤봉길은 웃으면서 홍커우(虹口, 홍구)공원을 향해 갔다.

11시 40분경 윤봉길은 상하이의 일본 군부와 외교계 거물들이 모여 있는 단상 중앙을 향해 뛰면서 수통형 폭탄을 투척하였다. 단상은 초토화되고, 의거는 성공했다. "오후 두세 시경에 홍구공원 일본인들의 경축대 위에서 큰 폭탄이 터져서 민단장 가와바다가 즉사하고, 시라카와 대장과 시게마쓰 대사와 우에다 중장, 노무라 중장 등 문무대관 중상…"이라는 신문 호외가 뿌려졌다. 이 호외는 침체에 빠진 임시정부에게는 생기를, 그리고 임정의 활로를 찾기 위해 노심초사하던 백범에게는 안도의 한숨을 선물했다. 또한, 이 의거는 우리나라와 중국은 물론 세계 주요 국가들에게 임시정부를 각인시킴으로써 임정이 다시 한번 민족독립운동의 구심점이 되게 하였다.

그럼에도 불구하고, 백범은 비통한 심정을 감당할 수 없었다. 젊은 아내와 어린 자식을 둔 젊은 가장의 의로운 죽음과 그것이 불가피한 조국의 현실에 창자가 끊어지는 듯했다.

5) 피신과 유랑

윤봉길 의거 직후 백범은 독립운동가들에게 동정적인 미국인 피치(당시 상하이 외국인 YMCA 간사)의 집에 피신했다. 피치의 아버지도 장로교 선교사로 한국독립운동가들을 여러모로 지원했었다.

한편 의거 다음날 일본 경찰은 임정사무소를 급습해 문서와 물품들을 탈취했다. 5월 9일 백범은 '한인애국단은 내가 조직한 단체로 단원들은 모두 애국지사들'이라고 선언하였다. 일본은 백범에게 현상금 60만 위안(현재의 환율로는 약 60억 원)을 걸었다. 그는 피치의 집에 2주일쯤 은신한 후 자싱(嘉興, 가흥)으로 피신하였다. 『일지』의 관련 내용은 이러하다.

어느 날 피치 부인이 급히 2층으로 올라와서 "정탐꾼에게 우리 집이 발각된 모양이니 속히 떠나야겠어요"라고 알려 주었다. 그

1948년 경교장을 방문한 피치 박사 내외와 백범

러고는 곧바로 1층으로 내려가 자기 남편을 집으로 오게 했다. 부인은 자신의 차에 나와 부부처럼 나란히 앉고, 피치 선생은 운전수인 양 차를 몰고 집 밖으로 나갔다. 밖으로 나오면서 보니 정탐꾼들이 미국인의 집이라 함부로 손을 쓰지는 못하고, 집 앞과 주위를 에워싸고 있었다. 프랑스 조계를 지나 중국 지역에서 차를 세웠다. 나는 안공근과 함께 기차역으로 가서 그날로 가흥의 수륜사창(면사공장)으로 피신했다.

이리하여 백범은 이동녕, 이시영, 엄항섭, 김의환 등과 함께 자싱에서 피신 생활을 시작하였다. 매일매일 신병身柄이 위험했다. 신분이 발각되면 자신의 생명을 잃는 것은 차치하고, 임시정부마저 유지되기 어려운 상황이었다. 그는 "아버지의 외가 성을 따서 장씨로 하고, 이름은 진구라고 하여 장사하는 광동 사람 행세를 했다." 14년 동안 상하이 밖을 나가본 적 없는 그는 피신 생활 중에 가끔 산천을 구경하는 기회도 가졌다. 여자 뱃사공인 주애보朱愛寶의 작은 배를 타고 선상 생활을 하다시피 하였다. 주애보는 백범과 특별한 관계를 맺은 중국 여자이다. 난징(南京, 남경)에서의 피신 시절에는 아예 동거를 하면서 부부로 생활했다. 철저하게 신분을 숨겨야 하는 그는 "직업은 고물상이라고 하고 광동의 해남도 사람으로 행세했다." 매월 일정한 돈을 그 본가에 주고 부부로 위장한 주애보에 대해 백범은 이렇게 적었다.

남경을 떠날 때 주애보는 고향인 가흥으로 돌려보냈다. 헤어질 때 여비로 100원밖에 주지 못한 것이 이따금 후회된다. 5년 가까이 나를 광동 사람으로 알고 섬겼고, 미처 깨닫지 못하는 사이에 유사 부부처럼 생활했다. 나에 대한 공이 없다고 할 수 없는데 뒷날을 기약할 수 있을 줄 알고 돈도 넉넉히 주지 못한 것이 무척 아쉽다.

또 시간이 나면 중국 농가를 둘러보기도 하였다. 농가 견문을 하면서 우리나라보다 발전한 경작법이나 농기구들을 목도한 그는 다음과 같이 비통해했다.

중국 농촌을 둘러본 나는 한마디 하지 않을 수 없다. …
우리 민족의 슬픈 운명은 사대주의의 산물이라고 하지 않을 수 없다. 실질적인 국리민복을 도외시하고, 주희의 학설은 본래 주희의 것보다 더 강고한 이론을 주창하여 사색당파를 만들고, 수백 년 동안 싸움만 일삼아 민족적 원기가 사라지고 남은 것이 없게 됐다. 발달한 것이라고는 남에게 의지하는 마음뿐이니 망하지 않고 어찌하리오.
슬프도다! 오늘날에도 … 사회주의자들은 '혁명은 피를 흘리는 것이니만큼 민족운동 성공 후에 또다시 사회운동을 하는 것은 절대로 반대한다'고 주장한다. 그러다 러시아의 레닌이 '식민지

운동은 민족운동을 먼저 하고 사회운동은 그 후에 하는 것이 바람직하다'고 하자, 그들은 조금도 주저 없이 민족운동을 한다고 떠들지 않는가. 정자와 주자가 방귀를 뀌어도 향기롭다고 하던 자들을 비웃던 그 입과 혀로 레닌의 방귀는 단물이라고 핥듯 하니, 청년들이여 제발 정신을 차릴지어다. 나는 결코 정자와 주자 학설의 신봉자가 아니고 마르크스와 레닌주의 배척자도 아니다. 우리나라의 특수성과 국민의 수준에 맞는 주의와 제도를 연구하고 시행하고자 머리를 쓰는 사람이 있는가? 만일 없다면 이보다 더 슬픈 일은 없을 것이다.

민족주체성과 국가자주성에 대한 백범의 투철한 의식이 잘 드러나 있는 내용이다. 단재 신채호의 다음과 같은 개탄을 연상시킨다.

우리나라에 부처가 들어오면 조선의 부처가 되지 못하고 부처의 조선이 된다. 우리나라에 공자가 들어오면 조선을 위한 공자가 되지 못하고 공자를 위한 조선이 된다. 우리나라에 예수교가 들어오면 조선을 위한 예수가 아니고 예수를 위한 조선이 되니 이것이 어쩐 일이냐. 이것도 정신이면 정신인데 노예정신이다.

6) 뤄양(洛陽, 낙양)군관학교 한인특별반 설치

피신 생활 중에도 박남파(박찬익), 엄항섭, 안공근 등을 중심으로 한 임정의 외교 활동은 계속되었다. 국민당 당원으로 난징의 중앙당부에 근무하던 박찬익을 통해 백범은 중국의 지도자 장제스와의 면담을 교섭했다. 그리고 1933년 5월에 장제스의 자택에서 두 사람의 단독 면담이 이루어졌다. 두 사람은 일본의 눈을 피하기 위해 중국의 뤄양군관학교 안에 한인특별반을 설치하기로 합의하였다. 『일지』의 관련 내용은 다음과 같다.

장소는 낙양분교로 하고, 학교 발전에 따라 자금을 지원하며, 1기에 군관 100명씩을 양성한다는 점을 결의했다. 나는 동삼3성에 사람을 파견해 옛날 독립군들을 소집하였다. 이청천(일명 지청천), 이범석, 오광선, 김창환 등의 장교들과 그 부하 청년 수십 명 그리고 북경, 천진, 상해, 남경 등지의 청년들을 모집해 제1차로 100명을 진학시켰다.(1934년 2월) 이청천과 이범석을 교관과 영관으로 임명하여 학생들을 가르치도록 했다.

그러나 뤄양군관학교 한인특별반을 알게 된 일본은 난징 주재 영사를 통해 중국에게 강력히 항의했다. 그 결과, 한인특별반은 1기 졸업 후 중단되었다.

7) 다시 또 임시정부를 지켜 내다

1932년 말경부터 시작된 대일전선통일 논의가 1935년에 들어와서는 본격적으로 전개되었다. 임시정부 해체를 추구하는 통일회의에 백범은 참여하지 않았다. 1935년 7월에 의열단, 신한독립당, 조선혁명당, 한국독립당, 미주대한인독립당이 통합하여 조선민족혁명당을 조직하였다. 그 뒤 의열단의 김두봉과 김약산(김원봉)을 중심으로 하여 임정 해체운동이 전개되고, 임정 국무위원 7명 중 5명(김규식, 조소앙, 최동오, 양기탁, 유동열)이 독립운동세력 통일이라는 명분으로 이에 동조하였다. 국무위원 중 송병조와 차이석 2명만이 반대했다. 국무위원 7명 중 5명이 사퇴하자 국무회의는 진행될 수 없었고, 임정은 또다시 무정부상태에 빠졌다. 그러자 임정을 지켜 내기 위해

자싱 시절의 임정 요인들

백범은 동분서주했고, 임정은 이내 안정을 되찾았다. 이 과정
에 대한 『일지』의 내용을 요약해 본다.

그때 항주에 있던 이시영, 조완구, 김봉준, 양명진, 송병조, 차이
석 등 의원들과 임시정부 유지 문제를 협의했다. 그 결과 의견
일치를 보고, 모두 가흥으로 갔다. 그곳에서 이동녕, 안공근, 안
경근, 엄항섭 등과 배 안에서 회의를 개최했다. 회의에서 이동

녕, 조완구, 김구 세 사람을 새로운 국무위원으로 보선하고, 이 3명과 기존의 송병조와 차이석을 합한 5명으로 비로소 국무회의를 진행할 수 있게 되었다. …

임시정부가 종종 위기를 맞는 것은 튼튼한 배경이 없기 때문이다. 그리하여 나는 정부를 옹호하는 단체가 필요하다고 생각하여 한국국민당을 조직했다.(1935년 11월) …

시국이 점점 급박해져서 중국에 있는 한국국민당, 조선혁명당, 한국독립당과 미주와 하와이의 각 단체를 연결하여 민족전선(1937년 8월에 결성된 한국광복운동단체연합회. 광복전선이라고도 함)을 결성했다. 이 연합체가 임시정부를 옹호하고 지지함으로써 임시정부는 안정 속에서 점차 발전해 가게 되었다.

8) 혁명난류인 동포의 총탄을 맞다

중일전쟁에서 중국이 불리해지고, 난징이 위험하자 중국정부는 전시 수도를 충칭으로 옮기기 시작했다. 임시정부도 물가가 싼 후난성(湖南省, 호남성) 창사(長沙, 장사)로 옮겨 갔다. 상하이, 항저우(杭州, 항주), 난징에서 다시 창사로 함께 온 사람들은 민족전선 3당의 당원과 그 가족 그리고 임정의 직원들이었다.

이때 민족전선 3당의 통합 필요성이 제기되었다. "조선혁명당은 이청천, 유동열, 최동오, 김학규, 황학수, 이복원, 안일청, 현익철 등이 간부이고, 한국독립당은 조소앙, 홍진, 조시원 등이 간부이며 한국국민당은 김구, 이동녕, 이시영, 조완구, 차이석, 송병조, 김봉준, 엄항섭, 안공근, 양묵, 민병길, 손일민, 조성환 등이 간부였다."

1938년 5월 7일 저녁에 조선혁명당 본부인 남목청에서 3당 통합 문제를 협의하기 위한 회의가 개최되었다. 그러나 회의 도중 백범은 조선혁명당 간부인 이운환의 총을 맞고 의식불명의 상태로 상아병원에 입원하게 된다. 이 총격으로 현익철은 사망하고, 백범과 유동열은 중상을 그리고 이청천은 경상을 입었다. 이운환은 조선혁명당의 중앙위원이었으나 평소 임정 요인들의 임정 운영에 불만을 가진 자였다. 백범은 그를 '혁명난류革命亂類'로 지칭했다. 여기서 혁명난류는 독립운동가의 정신을 어지럽히는 진정한 독립운동가가 아닌 자를 가리킨다. 다행히 그는 기적적으로 살아났다. 다음은 당시 상태에 대한 『일지』의 내용이다.

나는 남목청에서 자동차에 실려 상아의원에 갔다. 진찰한 의사가 살아날 가망이 없다고 보고, 입원 수속도 하지 않고 병원 문간에 나를 두고는 숨이 끊어지기를 기다렸다. 한두 시간이 지나고 세 시간이 되도록 살아 있자, 의사는 네 시간까지만 살아 있으면 살아날 가망이 있을 듯하다고 했다. 네 시간을 넘기자 우등 병실에 입원시키고 치료를 시작하였다.

입원해 있던 동안 장제스는 전투 중임에도 불구하고 하루에도 몇 번이나 전보로 위문하고 치료비도 보내 주었다. 한 달여 만에 퇴원한 백범은 자신의 소회를 담은 다음과 같은 편지를 미주 동포들에게 보냈다.

저는 지금까지 살아오면서 충과 의를 지키기 위해 애써 왔으며 또 성질이 소탈하므로 심중이 항상 탄백하여 두려울 것이 없었습니다. …
우직한 저의 생각에는 단군 한배의 피를 가진 놈이면 왜적의 개질을 하는 놈이라도 나를 해치지 못할 것이라고 믿었습니다. 제가 이러한 자신을 너무 강하게 가졌기 때문에 이번에 변을 당한 것이라고 비판할 사람이 있을 것입니다. 그럼에도 불구하고 이러한 저의 신념이 착오였다고 반성하거나 고칠 생각은 추호도 없습니다.

9) 충칭의 임시정부 — 조국광복을 고대하며

중일전쟁에서 중국이 계속 패퇴하여 창사도 위험해지자 백범은 후난성 정부 주석인 장치중의 도움을 받아 임정을 광저우(廣州, 광주)로 이동시켰다. 그러나 광저우 생활이 두 달쯤 지나자 광저우 또한 위태로워졌다. 그는 장제스에게 중국의 전시 수도인 충칭으로 임시정부도 옮기고자 함을 알렸다. 그리고 장치중 주석의 주선으로 1938년 10월 26일에 충칭에 도착했다.

충칭에 온 지 얼마 지나지 않은 1939년 4월에 백범의 어머니 곽낙원 여사가 돌아가셨다. 50여 년 동안 아들의 감옥 생활과 독립운동을 뒷바라지하다가, "하루 빨리 독립이 되도록 노력하여라. 독립이 되어 고국에 돌아가는 날에는 나와 인이 어미의 유골도 가지고 가 고향에 묻어다오."라는 말을 남기고 운명하였다.

(1) 임시정부 주석에 선임되다

비통한 심정으로 모친의 장례를 치른 백범은 건강이 좋지 않았다. 그럼에도 불구하고, 하나된 민족독립운동이 어느 때보다 중요하다고 생각한 그는 7당 통일을 추진하였다. 그는 먼저 충칭에 와 있던 조선민족혁명당, 민족해방동맹 등 공산주의 세력 간부들을 만나, 이렇게 제안했다. "지금은 각자의 주의를 논할 때가 아니다. 나라가 광복된 뒤에 각자의 이념에 따라 각 당파를 만들고, 지금은 모든 독립운동단체가 통합해야 한다."

공산주의단체는 동의했으나 미주와 하와이의 동포들은 '공산주의자인 김약산(약산은 김원봉의 호)과는 통일할 수 없다'면서 통합에 반대했다. 그럼에도 불구하고 백범은 5월 10일에 김원봉과 공동명의로 '동지 동포에게 보내는 공개편지'를 발표하였다.

그런데 임시정부를 옹호하고 지지하는 한국국민당과 한국독립당 그리고 조선혁명당의 주요 간부들도 이념을 달리하는 단체들과의 단일조직 결성을 반대하고 연합론을 주장했다. 그러다 1개월에 걸친 백범의 설득으로 마침내 7당 통일회의가 개최되었다. 7당은 광복전선 소속의 한국국민당, 한국독립당, 조선혁명당과 민족전선연맹 소속인 조선민족혁명당, 조선민족해방동맹, 조선민족전위동맹, 조선혁명자연맹이다. 그러나 공산주의단체들의 이탈로 7당 통합은 실패하였다. 광복전선 소속 3당은 하와이애국당, 하와이단합회와 통합하여 1940년 5월 9일에 '한국독립당'을 창당했다. 백범은 "한국독립당 집행위원장으로 추대되었다."

임시정부 조직도 개편되었다. "임시의정원은 헌법을 고쳐 국무위원들이 돌아가며 주석을 하던 '윤회주석제'를 폐지하고, 주석에게 내외 책임을 지는 권한을 부여했다. 나를(백범을) 국무회의 주석으로 선출하였다. 워싱턴에 외교위원부를 설치하고 이승만을 위원장으로 임명하였다."

백범은 1922년에 임시정부 내무총장 임명 인준을 받고도 취임하지 않다가 8개월 뒤에 임정이 해체 위기를 맞자 곧바로 취임한 바 있다. 또 1926년에 임정의 의정원 의장인 이동녕으로부터 몇 번이나 국무령 취임을 권유받고도 한사코 사양하다가 임시정부가 무정부상태에 빠지자 하는 수 없이 국무령에 취임하였다. 이번에는 주석에 선임되자 곧바로 취임하였다. 그 이유는 당시 상황이 민족독립운동 과정에서 중요한 시

점이고 임시정부의 역할이 어느 때보다 막중하다는 판단에
서였다. 백범에게 높은 직위나 직책은 중요하지 않았다. 어떤
역할을 제대로 수행하느냐가 중요한 것이었다. 그에게는 역
할이 목표 가치인 반면에 지위는 수단적인 가치에 불과한 것
이었다.

(2) 대일본 선전포고와 국내진공작전 추진

① 한국광복군 창설과 대일본 선전포고
  그동안 백범은 임시정부 활동을 하면서 중국정부로부터 직
간접적인 지원을 받아왔다. 몇 번에 걸쳐 임정이 이동할 때
중국정부는 여러 가지 편의를 제공하고, 필요한 활동비를 지
원하기도 했다.
  임시정부는 1937년 중일전쟁이 일어나자 한국광복군 창설
을 추진하였다. 1940년 임정이 충칭에 정착하자, 백범은 중국
과 협조관계를 더욱 긴밀히 하면서 광복군 창설을 적극적으
로 추진했다.
  그해 4월에는 임정 산하에 광복군사령부를 설치하기로 하

였다. 중국에서 한국광복군을 조직하여 활동하기 위해서는 중국정부의 동의와 지원이 필요했다. 백범은 광복군 창설 계획서를 작성하여 장제스에게 보내고, 곧바로 동의한다는 회신을 받았다. "임시정부는 이청천을 광복군 총사령관에 임명하고, 미주와 하와이 동포들이 보내 준 3, 4만 원 등 모든 역량을 동원하여 광복군 창설식을 준비했다." 이것은 당시의 국제정세를 보건대 광복군 창설을 대외에 크게 알릴 필요성이 있다는 판단 때문이었다. 백범은 "임시정부 주석과 광복군 창설위원회 위원장으로서 창설식을 주관하였다."

1940년 9월 17일 (일본군의 공습을 피하기 위해) 아침 6시에 임정 국무위원 등 200여 명, 총사령 이청천과 참모장 이범석을 비롯한 총사령부 장교들, 주요 초청 인사인 중국인과 서양인 다수가 참석하는 광복군 창설식이 성대하게 개최되었다. 이때 천명된 광복군의 진로와 임무는 다음과 같다.

1. 우리들의 분산된 역량을 독립군으로 집중시켜 전반적인 조국광복전쟁을 전개한다.

광복군 창설식 기념

2. 중국항일군과 연합하여 왜적을 박멸한다.

3. 국내 민중의 무장반일운동을 적극적으로 지도한다.

4. 정치·경제·교육 등이 균등한 신민주국가를 건설하기 위한 무력적 기간基幹을 이룬다.

5. 평화 및 정의를 지지하는 세계 각 민족 및 인류를 저해하려는 사물을 일절 소탕한다.

1941년 12월 10일, 임시정부는 주석 김구와 외교부장 조소앙 명의의 「대한민국임시정부 대일 선전성명서」를 발표하였다. 이틀 전인 8일에 일본이 진주만을 기습 공격함으로써 미일전쟁이 개시되자, 곧바로 대일 선전을 포고한 것이다. 이는 전후 연합국 지위를 획득하기 위한 신속한 조치였다. 동시에 백범은 중국은 물론 미국, 영국 등으로부터 임시정부 승인을 받고, 외교관계를 수립하기 위한 대외 활동도 적극적으로 수행했다. 미국의 참전 이후 임시정부는 '임정의 승인' 문제를 주요 당면 과제로 설정하였다. 1942년 2월에는 미국 대통령 루스벨트에게 6개항을 요구하였다. 6개항은 대한민국 임시정부를 승인할 것, 두 정부 간의 외교관계를 수립할 것, 국제평화기구를 성립할 시에는 한국을 참가시킬 것 등이다.

　1943년 11월 22일부터 26일까지 이집트의 카이로Cairo에서 루스벨트 미국 대통령, 처칠 영국 수상, 장제스 중국 총통이 회담을 가졌다. 27일에 발표된 '카이로선언'에는 전후 한국문제에 관련된 최초의 공식선언이 담겨 있다. 그것은 '적당한 절차를 거쳐' 한국의 독립을 국제적으로 보장한다는 내용이다. 당시 각국 언론들은 '적당한 절차'를 '일정 기간의 국제관리'로 해설하였다. 이러한 발표에 임시정부는 격앙했다. 임정은 외교부장 조소앙을 통해, '적당한 절차를 거쳐'라는 단서의 부당성을 지적하는 성명을 발표하였다. 백범은 장제스를 면담하여 전후 한국 문제 처리에 대한 정당한 방법을 제시하고, 협조를 당부했다. 미국 교민단체가 발행한 『신한민보』는 1943년 12월 9일자에 다음과 같은 기사를 게재하였다.

(12월 5일 중경) 연합통신사의 보도에 의하면, 카이로선언이 발표되자 … 한인 임시정부 대통령 김구 씨는 "한인은 일본이 붕괴된 그 시각에 독립을 얻지 못하면 역사적 전쟁을 계속할 것이다."라고 하였다. …

김구 씨는 선언하기를 "만일 연합국이 제2전쟁 끝에 한국의 무조건 자유 독립을 부여하기를 실패할 때에는 우리는 어떤 침략자나 침략하는 단체가 그 누구임을 물론하고 우리의 역사적 전쟁을 계속할 것을 결심하였다. 우리는 우리나라를 스스로 통치하며 우리 조국을 지배할 지력과 능력을 동등으로 가졌으며 우리는 다른 족속이 우리를 다스리며 혹은 노예로 삼는 것을 원치 아니하며 또 우리는 어떤 종류의 국제 지배를 원치 않는다. 우리는 '당연한 순서'라는 말을 어떻게 해석하든지 그 표시를 좋아하지 않는다. 우리는 반드시 일본이 붕괴되는 그때에 독립되어야 할 것이다. 그렇지 않으면 우리의 싸움은 계속될 것이다. 이것은 우리의 변할 수 없는 목적이다."라고 하였다.

_『백범 김구선생 언론집』(이하 『언론집』으로 표기함)(상), 144-145쪽.

독립을 5개월 앞둔 1945년 3월에 백범은 마흔이 넘어 얻은 맏아들 인仁을 잃었다. 인은 백범이 조직한 한인애국단의 청년단원으로 활동했다. 아버지의 지시로 상하이에 잠입해 비밀공작 활동을 하는 등 독립운동에 헌신하였다. 백범은 아들에게 목숨을 걸어야 하는 임무를 기꺼이 맡겼던 것이다.

둘째 아들 김신의 회고에 따르면, "당시 충칭에는 미군들이 가지고 온 특효약 페니실린이 있었으나 생사를 같이하는 동지들도 맞지 못하는 약을 내 아들에게만 맞힐 수 없다면서 맞히지 않았다."라고 한다. 범인들은 감히 따를 수 없는 선공후사의 실천이다.

백범과 OSS 책임자

② 한미합동의 독수리작전 추진

독수리작전은 독립군이 미국 OSS와 합동으로 계획한 국내 진공작전이다. 이 작전의 계획과 진행에 관련한 『일지』의 내용은 다음과 같다.

광복군은 OSS[Office of Strategic Service: 미국이 제2차대전 중인 1942년에

첩보 활동과 유격 활동을 목적으로 설치한 해외 전략기구로, 미중앙정보국 (CIA)의 전신]와 합동으로 한미합동 비밀훈련을 실시했다. 독립군 제2지대는 OSS를 주관하는 사전트 박사와 이범석 지대장이 합작하여 서안에서, 제3지대는 개성에서 태어나 우리말을 잘하는 윔스 중위와 김학규 지대장이 합작하여 부양에서 훈련을 실시했다. 3개월 동안 맹훈련을 실시하여 파괴 정탐 등의 공작임무를 띠고 국내로 침투시킬 모든 준비를 완료하였다. 나는 미국이 제공한 특별전용기를 타고 서안으로 가서 미국 작전부장 노반 장군과 대일작전 문제를 협의하기 위한 회담을 하였다. …

노반 장군이 일어나서 정중하게 선언했다.

"오늘 이 시간부터 아메리카합중국과 대한민국 임시정부의 적 일본에 항거하는 비밀공작이 시작된다."

노반 장군과 회담을 마친 백범은 다음날 이청천, 이범석, 엄항섭 등을 대동하고 훈련을 마친 대원들의 실전 시범 훈련을 참관하였다. 광복군 제2, 3지대 대원들은 낙하산부대를 선두로 국내진공 명령을 대기하고 있었다.

5
조국에 돌아오다

1) 아! 일본의 항복
— 환희와 천붕지탁天崩地坼(하늘이 무너지고 땅이 꺼지다)

대원들을 격려하고 시범을 참관한 다음날인 1945년 8월 10일에 백범은 막역한 친우 사이인 축소주祝紹周 섬서성陝西省 주석의 저녁 식사 초대를 받았다. 식사를 마치고 환담하던 중에 축 주석이 전화를 받고, "왜적이 항복한답니다."라고 소리쳤다. 일본의 항복 소식을 접한 백범의 심경을 『일지』는 이렇게 적고 있다.

그것은 내게 기쁜 소식이라기보다 차라리 하늘이 무너지고 땅이 꺼지는 듯한 일이었다. 몇 년 동안을 고생하면서 준비한 참전 계획이 모두 허사가 되고 말았다. 서안과 부양에서 훈련받은 우리 청년들이 각종 비밀무기와 무전기를 휴대하고 산둥반도에서 미국 잠수함으로 국내에 침투하여 각종 공작을 수행하고, 무기를 운반할 계획까지 미육군성과 약속해 두었다. 그러나 이제 그런 계획을 한번 실행해 보지도 못하고 왜적이 항복했으니 진실로 지금까지 들인 정성이 아깝고 앞으로 닥칠 일이 걱정되지 않을 수 없었다.

일본의 항복! 그것은 분명히 기쁜 소식이다. 그럼에도 불구하고 백범이 이렇게 낙담한 이유는 무엇일까? 물론 그동안 피땀으로 준비한 국내진공작전이 실행 직전에 무산됨에 따른 애석함 때문이기도 하다. 그러나 보다 근원적인 이유는 우리 민족의 장래 문제에 있을 것이다. 백범은 2차대전이 진행되고 특히 미일전쟁이 개시되자 주요 연합국으로부터 임시정부를 승인받고 연합국 지위를 얻기 위해 대외 활동을 적극적으로 수행했다. 그것은 임시정부 승인과 연합국 지위 획득이 전후 한국 문제를 대한민국이 주도적으로 해결하는 데에 결정적인 요건이 될 수 있다는 판단에 기초한다. 그리고 임시정부 승인과 연합국 지위를 획득하는 데에는 '아메리카 합중국과 대한민국 임시정부'의 합동군사작전 수행이 중요 변수로 작용할 수 있기 때문이다.

2) 27만의 환국 — 감격과 침통

백범이 충칭으로 돌아와 보니, 임시의정원은 임시정부의 귀국 문제를 놓고 갑론을박하다가 주석인 그가 도착하기를 기다리고 있었다. 임시의정원회의에서는 임정을 해산함과 동시에 국무위원이 총사직하고 귀국하자는 주장도 제기되었다. 백범은 "임시정부 해산 운운은 천만부당하고 총사직도 불가하다. 우리가 귀국하여 전체 국민에게 정부를 도로 바치고 난 뒤에 국무위원이 총사직함이 옳다"라고 주장하였다(임정봉환론). 그러나 민족혁명당과 신한민주당 등 야당 의원들이 이 안을 반대하고 퇴장함으로써 그의 의견은 통과되지 못했다.

앞서 1944년 5월에 대한민국 임시정부 국무위원회는 「국내외 동포에게 고함」을 통해 이렇게 천명한 바 있다. "우리 임시정부가 적을 격퇴하고 조국 강토에 들어가서는 즉시로 건국강령에 의하여 전국인민대표회의를 소집하고 정식 헌장을 제정하며, 정식 정부를 조직하여 전 민중 각급의 주권 행사를 발동하게 할 것을 결심한다." 건국강령은 1941년 11월에 임시정부 국무위원회가 발표한 것으로, 해방 후 수립할 대한민국의 청사진이다. 수립할 대한민국의 국가 이념으로 삼균주의를 채택하고, 그것을 실현하기 위한 주요 정책 등을 담고 있다. 백범은 국내외 동포에게 한 선언을 이행해야 한다는 생각이 었다.

백범은 국무회의를 열어 '임정이 정통 정부의 자격으로 귀국한다'는 결정을 하고, 중국전구 총사령관 웨드마이어Wedemeyer에게 '첫째, 국내 치안유지는 임시정부에게 맡길 것. 둘째, 미군정은 임시정부의 정치 활동에 간섭하지 말 것.' 등 4개 조건을 제시하고, 회답을 기다렸다. "그런데 미국은 미군정이 서울에 있으니 임정은 정부 자격이 아니라 개인 자격으로 귀국해야 한다고 통보해 왔다. 이 문제로 의견이 분분했으나 개인자격으로 귀국할 수밖에 없다는 결론을 내렸다." 참담한 현실이 주는 비통한 심정이 백범의 눈앞을 캄캄하게 하였다.

1945년 9월 3일 임정은 '임정의 당면 정책 14개조 원칙'을 담은 「국내외 동포에게 고함」을 발표하였다. 주요 당면 정책은 다음과 같다. 1. 주요 연합국들과 우호협정을 체결하고 외교관계를 수립한다. 2. 전국 보통선거를 통해 정식정권을 수립한다. 3. 정식정권 수립까지는 과도정권을 수립한다. 4. 수립된 정식정권은 반드시 독립국가 민주정부 균등사회를 원칙으로 한다. 5. 과도정권 수립까지는 임시정부가 국내질서와 외교관계를 담당한다.

백범은 임정 선전부장 엄항섭을 통해 담화를 발표했다. 이 담화에서 백범은 '우리들이 이제 조국으로 돌아가고자 하는 염원은 조선인의 독립, 조선인의 자유, 통일된 조선의 수립을 요구하는 데 있다'고 하였다. 이는 미국과 소련의 분할 점령이 초래할 민족분열에 대한 그의 우려를 나타내고 있다. 그리고 그의 우려는 한때의 기우로 끝나지 않고, 현실이 되어 지금도 지속되고 있다. 우리가 목도하고 있는 것처럼 분단에서 오는 민족적 고통은 계속되고, 귀중한 민족적 에너지는 분단비용으로 허비되고 있다.

백범은 "임시정부 문서를 정리하고, 중경에 남아 있는 500여 명의 동포를 보호하기 위해 주화대표단駐華代表團을 설치하고 박찬익을 단장으로 임명하였다." 귀국에 즈음하여 임정은 장제스 등 수백 명이 참석한 중국 국민당정부의 송별연과 저우언라이(周恩來, 주은래)가 참석하는 공산당 본부의 송별연을 비롯해 중국 측의 융숭한 환송을 받았다.

1945년 11월 5일에 백범은 7년 동안의 충칭 생활을 끝내고,

귀국을 위해 임정 수립의 본거지였던 상하이에 도착했다. 그곳에서 상하이 동포들의 대대적인 환영을 받았다. 11월 23일에는 감격과 침통을 함께 안고 꿈에서도 그리던 조국에 돌아왔다. 그러나 독립된 조국은 어렵고도 막중한 민족적 과제들을 안고 그를 영접하였다.

1차로 귀국한 임정 일행은 주석 김구, 부주석 김규식, 국무위원 이시영, 참모총장 유동열을 비롯한 15명이었다. "고국을 떠난 지 27년만에 기쁨과 슬픔이 뒤엉킨 심정으로 하늘에 높이 떠서 상해를 출발한 지 세 시간만에 김포비행장에 착륙했다." 장준하의 기록에 따르면, 귀국 비행기 안에서 누군가가 "아! 보인다. 조국이!"라고 소리치고 애국가를 합창할 때, 백범의 감은 눈과 안경 밑으로는 눈물이 흘러내렸다고 한다. 그는 조국 독립을 위해 자신의 모든 것을 바친 순국선열들을 추모했을 것이다. 그들과 자신이 가슴에 담았던 심훈의 시 「그날이 오면」을 암송했을지도 모른다. 「그날이 오면」의 시구는 이러하다.

그날이 오면 그날이 오면은

삼각산이 일어나 더덩실 춤이라도 추고

한강물이 뒤집혀 용솟음 칠 그날이

이 목숨이 끊치기 전에 와 주기만 할 양이면

나는 밤하늘에 나는 까마귀와 같이

종로의 인경을 머리로 들이받아 울리오리다

두개골은 깨어져 산산조각이 나도

기뻐서 죽으오매 오히려 무슨 한이 남으오리까

…

조국의 광복! 그날이 와 환국을 하면서도 마음은 춘래불사
춘春來不似春(봄이 왔지만 봄 같지 않다)이다. 애타게 부른 그날은 조
국이 해방과 함께 완전 독립의 민족통일국가를 수립하는 날
이었다. 그런데 지금 돌아가고 있는 조국은 미군과 소련군이
남북한에 진주해 각기 군정을 실시하고 있는 조국인 것이다.
해방된 지 3개월이 지났음에도 조국은 완전 자주독립의 국가
도, 민족통일국가도 아니었다.

이들의 귀국과 관련해 미군정은 '오늘 오후 4시 백범 선생
일행 15명이 서울에 도착하였다. 오랫동안 망명하였던 백범

임시정부 환국 환영대회에서 인사말 하는 백범

선생 일행은 개인 자격으로 서울에 돌아온 것이다'라는 짤막한 성명을 발표했다. 따라서 대대적인 귀국 환영은 이루어지지 않았다. 울적한 27년만의 환국이었다.

임시정부 환영 준비위원회는 기업인 최창학의 집 죽첨장을 임정 요인들의 거처로 마련해 주었다. 백범은 일본식 이름인 죽첨장을 근처 개울 이름을 따서 경교장으로 개명하였다. 백범을 비롯한 임정 요인들의 귀국이 알려지자, 환영 선풍이 일어났다. 그는 당시의 감회를 이렇게 적었다.

국내에서 환영 선풍이 일어나자 군정청 소속의 각 기관과 정당, 사회단체, 교육, 교회, 공장 등 모든 분야가 망라된 연합환영회가 개최되었다. 우리 일행은 개인 자격으로 귀국했지만 동포들은 '임시정부 환영회'라고 크게 쓴 글자를 태극기와 함께 창공에 휘날리며, 수십만 겨레가 모두 거리로 나와 대대적인 시가행진을 하였다. 만리타국에서 온갖 풍상을 다 겪은 고통을 알고 동정하는 것 같았다.

3) 지방 순회 ― 감회와 함께

(1) 인천과 공주 순회

백범은 "민국 28년(1946년)을 맞이하여 삼팔선 이남의 지방 순회를 시작했다. 먼저 인천을 둘러보았다." 그에게 인천은 의

미심장한 곳이다. 『일지』에 그의 감회는 이렇게 나타나 있다.

스물두 살에 인천감옥에서 사형을 선고받고, 스물세 살에 탈옥 도주했고, 마흔한 살에는 17년형을 언도받고 인천감옥으로 이감되었다. …
그곳에 갇힌 몸으로 징역 공사를 한 곳이 축항공사장이었다. 그 항구를 바라보니 나의 피땀이 젖어 있는 듯하고, 수감된 아들을 면회하기 위해 부모님이 오고 가던 길에는 눈물자국이 남아 있는 듯했다. 49년 전의 옛날 기억이 새롭고 감개무량하였다.

다음으로 "공주에 가 김복만 선생과 면암 최익현 선생의 영전을 배알하고", 동포들의 환영을 받았다. 마곡사에도 들러 "48년 전에 굴갓(중이 쓰던 큰 삿갓) 쓰고, 목에 염주 걸고, 바랑을 지고 오가던 길"을 감회와 함께 걸었다. "예산으로 가 윤봉길 의사의 본댁을 방문하고, 윤 의사 기념제를 지내고 서울로 돌아왔다."

서울로 돌아온 백범은 "곧바로 일본에 있는 박열에게 부탁하여 조국광복에 몸을 바쳐 무도한 왜적에게 학살당한 윤봉

3열사 장례식

길, 이봉창, 백정기 세 열사의 유골을 본국으로 모셔 오게 하고, 장례 준비를 추진했다." 조국 독립을 위해 목숨을 바친 순국선열들에 대한 백범의 존경심은 지극했다. 부산으로 내려가 유골 봉환식을 치르고, 부산역과 서울역은 물론 중간 역들에서도 추도식을 거행하였다. 장례식은 "조선 사람은 모두 참석하여 영구가 출발하는 태고사에서부터 장지인 효창원까지 인산인해를 이루었다."

(2) 삼남 지방과 서부 지방 순회

백범은 "얼마 후 다시 삼남 지방 순회를 떠났다." 먼저 제주
도를 방문하고, 이어 진해로 가서 충무공 영정에 참배했다. 통
영, 여수, 순천을 거쳐 보성으로 갔다. 보성은 백범이 도피 생
활을 할 때, 3개월 동안 머물렀던 곳이다. 뒤이어 광주, 나주,
함평을 둘러보고, 김해, 창원, 전주, 목포, 군산, 강경 등지를
순방하였다. 백범은 가는 곳마다 그곳 출신의 독립유공자 묘
소를 찾아 참배하고, 독립유공자 후손들을 만나 위로했다. 곳
곳에서 열렬한 환영을 받고, 강연도 하면서 조국광복의 감격
을 국민과 함께하였다.

"삼남 지방 시찰을 대강 마치고 서울로 돌아와서 잠시 쉬었
다가 다시 삼팔선 이남 서부 지방을 둘러보기로 했다. 먼저
개성에 도착하여 18, 19세 때 유람한 명승고적 만월대와 선죽
교를 관람하고, 다음날에는 연안의 효자 이창매 묘소를 찾았
다. 이 묘소는 백범이 "49년 전 쇠사슬에 묶여 해주감옥에서
인천감옥으로 이감될 때 묘비 앞에서 잠시 쉬었던 곳이다."
이때의 감회를 『일지』는 이렇게 표현하고 있다.

예전에 어머님이 앉으셨던 묘 옆의 그 자리에 앉아서 주위를 둘러보니 … 그 옛날 잡혀가는 내 뒤를 따라오시던 어머님의 얼굴만은 다시 뵈올 길이 없으니 쏟아지는 눈물을 멈출 수가 없었다. … 지금은 사람도 땅도 낯선 서촉西蜀 화상산 기슭에 손자와 같이 누워 계신 것을 생각하니 더욱 슬픈 마음을 금할 수 없다. 혼이라도 고국에 돌아오셔서 이 몸과 함께 환영을 받으신다면 다소나마 위안이 되지 않을까 생각하니 만감이 교차했다.

백범의 어머니는 운명할 때, '해방된 조국에 돌아가 아들과 기쁨의 춤을 덩실 덩실 춰 보지 못하는 것이 원통하다'라고 했다. 어머니의 마지막 그 말을 상기하고, 그는 더욱 마음 아파하였다. 난징에 있을 때에

백범의 어머니와 두 아들

임정의 청년단과 동지들이 백범 모친 생일상을 차려 드리고자 한 적이 있었다. 그랬더니 한사코 돈으로 받아 돈을 더 보태어 권총을 사서는 '일본놈을 죽여라' 하면서 청년단에 선물한 그의 모친이었다.

백범은 서부 지방 순회에서도 가는 곳마다 뜨거운 환영을 받고, 강연도 하면서 그렇게도 염원했던 조국 독립의 감격을 동포들과 함께하였다.

6
자주독립의 민족통일국가 수립!
끝내 비원悲願으로 남겨지다

백범은 『일지』에서 출생부터 해방 후 환국에 이르기까지의 자신의 삶을 회고하였다. 귀국 이후의 삶에 대해서는 두 번에 걸친 지방 순회만을 언급하였다. 귀국 후 자신의 삶은 대부분이 드러나 있기 때문에 『일지』에 담지 않아도 되겠다는 판단

에서이다.[02]

1) 환국과 동시에 맞닥뜨린 미군정

일본은 항복하고 대한민국은 독립하였다. 하지만 앞서 언급했듯 대한민국임시정부는 그대로 귀국하지 못하고, 백범과 임정 요인들은 개인 자격으로 조국에 돌아올 수밖에 없었다. 미군정이 서울에 있으니 임정은 정부가 아닌 개인 자격으로만 귀국할 수 있다는 미국의 통보 때문이었다. 미군정은 해방과 동시에 남한에서 배타적인 권력을 행사하기 시작했다. 거대한 권력적 실체인 미군정은 어떤 존재인가? 먼저, 미군정을 결과한 한반도 분할 점령에 대해 간단하게 살펴본다.

삼팔선 분할은 전후 세계 전략적 측면과 군사적 측면에서 미국이 제안하고 소련이 수용함으로써 획정되었다. 당시 미국은 전후 소련의 세력 확장을 저지한다는 세계 전략을 갖고

---

02 따라서 이 절의 내용은 『일지』를 1차 자료로 한 것이 아니라 다른 여러 관련 자료들을 바탕으로 한 것이다. 주로 활용한 자료는 김구 지음, 도진순 엮고 보탬, 『백범어록』(서울: 돌베개, 2007); 김구, 『백범 김구선생 언론집』(상·하)(서울: 나남, 2004)이고, 정경환, 『백범 김구 연구』 1-5권(부산: 이경, 2005); 김삼웅, 『백범 김구 평전』(서울: 시대의창, 2004), 그리고 이 시기의 한국 정치 과정을 논술한 문헌들도 참조하였다. 별도의 표기가 없는 인용문은 『어록』과 『언론집』에 있는 내용이다.

있었다. 군사적인 측면에서는 8월 12일 한반도에 진입한 소련이 수일 안에 한반도 전체를 장악할 수 있었던 반면, 미군은 한반도에서 수천 킬로미터 떨어진 오키나와에 있었다. 대한민국의 임시정부는 물론, 어느 정치세력과의 협의도 없이 분할이 결정된 것이다.

역사적으로 한반도에 대한 분할 시도는 여러 번 있었다. 1598년에 일본은 명나라에 '조선의 8도 중 한강 이북의 4도는 조선 왕에게 돌려주고 한강 이남의 4도는 일본이 지배한다'는 분할안을 제시한 바 있다. 다음은 청일전쟁 발발 직전인 1894년에 영국이 청일 양국에게 평양 이남과 평양 이북의 분할을 제안한 바 있다. 1896년에는 일본이 러시아에게 북위 38도선을 경계로 하는 한반도 분할을 제안하였다. 1903년에는 러시아가 일본에게 북위 39도선 이북을 중립지대로 설정하자는 안을 내기도 했다. 지금까지의 분할 시도는 상대 국가의 거절로 무산되었다. 그러나 한민족에게 굴레로 씌워진 1945년 미소 간의 분할 시도는 현실이 되고 만 것이다.

남한에 진주한 미24군단 사령관 하지J. R. Hodge 중장은 1945년 9월 2일에 군정 실시를 포고하고, 10월 25일에는 "남한에 있어 유일한 정부는 미군정"이라는 포고문을 발표했다. 미군정의 핵심적 역할은 위에서 언급한 미국의 전후 세계 전략을 수행하는 것이다. 미군정은 이러한 목적에 부합하는 국내 정치세력은 지지하고, 그들의 목적에 부합하지 않거나 그들의 요구에 따르지 않는 정치세력에 대해서는 통제하거나 해체시키고자 하였다. 1945년 11월 3일 군정장관인 아놀드A. B. Arnold 장군은 다음과 같은 지시를 내렸다. "정당들, 정치조직들, 결사들은 통제되어야 한다. 그 활동이 미군정의 요구나 목적과 부합하는 것들은 지지되어야 한다. 그 활동이 미군정의 요구나 목적에 부합하지 않는 것들은 폐지되어야 한다."

미군정은 일제의 식민지 통치기구를 그대로 존속시켰고, 조선총독부의 조선인 행정관리는 물론 경찰까지도 그대로 유지시켰다. 심지어 일본인 관리와 일본인 경찰을 그대로 잔류시켰고, 친일파들을 다수 채용하였다. 민족독립국가 수립과 친일파 숙청에 대한 민족적 열망이나 자주적인 민족통일국가 수립은 미군정의 일차적 관심이 아니었다. 미군정은 한민족의 독립정부 수립을 위한 조력자가 아니라 새로운 통치자로 나타난 것이다. 따라서 태생적으로 자주적인 민족통일국가 수립을 일차적인 과제로 삼는 임시정부의 주석 백범과는 충돌할 수밖에 없는 존재였다.

백범은 신탁통치반대투쟁 과정에서 임시정부가 주도적으로 남한을 이끌어 가고자 하는 조치도 시도한 바 있다. 임정은 1945년 12월 31일에 다음과 같은 포고문을 발표하였다.

> 제1호 ① 현재 전국 행정청 소속의 경찰기구 및 한인 직원은 전부 본 임시정부 지휘하에 예속케 함.
>
> 제2호 이 운동(반탁운동)은 반드시 최후 승리를 취득하기까지 계속함을 요하며 일반 국민은 금후 우리 정부 지도하에 제반 산업을 부흥하기 요망한다.

백범은 미군정으로부터 정권을 회수하고자 한 것이다. 처음부터 임정의 정통성을 인정하지 않던 미군정은 이러한 조치를 자신의 통치권에 대한 도전으로 간주하여 강력히 경고하였고 임정의 정권회수 시도는 추진되지 못했다. 그리고

1946년 정초부터 미군정은 백범을 배척하기 시작했다. 조병옥의 『나의 회고록』에 따르면, 미군정은 백범과 임정 요인들을 중국으로 추방할 계획까지 세웠으나, 백범을 존경하고 열렬히 지지하는 국민들의 저항을 고려해 실행하지 않았다고 한다.

목표를 달리하는 백범과 미군정은 이후로도 갈등관계를 지속해 갈 수밖에 없었다. 백범은 일반 국민들의 열렬한 지지를 받았으나, 개인적 당파적 이익 추구에 매몰된 정치세력들의 통일된 지지는 확보할 수 없었다. 이러한 현실과 물리적 강제력을 독점한 미군정이라는 강력한 장벽 앞에서 자주독립의 민족통일국가 수립에 대한 백범의 꿈은 무산되어 갔다. 현실을 보면 참담하였고, 민족의 장래를 생각하면 암담하였다.

2) 자주독립의 민족국가 건설에 전심전력을 다하다
― 신탁통치 반대투쟁

1945년 12월 미·영·소 외상은 "한국의 완전 독립을 위해 최고 5년간 미·영·소·중 4개국이 신탁통치를 실시한다."라는 모스크바협정을 의결했다. 이 신탁통치안은 카이로회담(1943년

11월)에서 미국의 루스벨트 대통령이 제안하고, 이후 얄타회담 (1945년 2월)과 포츠담회담(1945년 7월)에서 언급된 바 있던 신탁 안을 구체화시킨 것이다.

신탁통치안이 알려지자(1945년 12월 28일 정오) 국내 정치세력 들은 신탁안을 찬성하는 공산주의세력과 반대하는 민족주의 세력으로 분열하였다. 특히 백범과 임정은 민족독립운동 차 원에서 반탁투쟁을 전개했다. 백범은 미소 양 군이 분할 점령 하고 있는 해방된 조국의 현실을 통탄하였다. 여기에다 설상 가상으로 신탁통치안이 발표된 것이다. 신탁통치는 그가 그 렇게도 중시하고 추구하던 민족주체성과 국가자주성이 완전 히 부정당한 것이었기 때문이다. 대의를 무엇보다도 중요시 하는 백범은 자신의 정치적 이해관계를 추호도 고려하지 않 고, 오직 '민족의 독립과 통일과 번영 추구'라는 민족주의적 대 의에 따라 신탁통치를 거부하였다.

백범은 신탁통치안이 발표되자 곧바로(12월 28일) 임시정부 긴급국무회의를 개최하고, 신탁통치반대투쟁에 대한 자신의 견해를 이렇게 표명했다. "지금부터 새 출발로서 독립운동을 전개하지 않으면 아니 되게 되었다." 국무회의는 미·영·중·

소 국가 원수에게 보내는 '반탁결의문'을 채택하고, '신탁통치 반대 국민총동원위원회'를 설치하여 전 민족적인 반탁투쟁을 전개하기로 결정하였다. 이 위원회는 다음과 같은 성명서를 발표했다.

우리는 피로써 건립한 독립국과 정부가 이미 존재하였음을 다시 선언한다. 5천 년의 주권과 3천 만의 자유를 전취하기 위해서는 자기의 정치 활동을 옹호하고 외래의 탁치세력을 배격함에 있다. 우리의 혁혁한 혁명을 완수하자면 민족이 일치로써 최후까지 분투할 뿐이다. 일어나자 동포여!

1946년 3월 20일 제1차 미소공동위원회가 개최된 직후, 백범은 하지 장군을 만나 다음과 같이 따졌다. "장군! 단도직입적으로 말하겠는데 당신들은 우리나라를 전략적으로 점령한 것에 불과하오. 우리 민족은 지금 자주독립정부를 세워야 한다는 것이 절박한 당면 과제인데, 미소 양 군이 한국에 신탁통치를 실시한다는 것은 불법한 일이 아니겠소?" 백범의 말은 수사 없이 직설적이고 담백하다. 백범의 반탁 논리는 명확하였다. 신탁통치는 완전한 민족독립국가 건설에 배치되고, 외세 지배이고, 남북분단을 고착시키는 것이다. 따라서 신탁통치는 옳지 못한 것이고, 해서는 안 되는 것이다. 이러한 신탁통치는 마땅히 분쇄되어야 한다는 것이다.

그러나 반탁운동은 진행 과정에서 자주독립의 민족통일국가 건설을 추구한 백범의 뜻과는 다르게 전개되어 갔다. 백범은 임시정부가 중심이 되고, 전 민족이 대동단결하여 자주독립의 민족통일국가를 수립하고자 하였다. 백범은 민족의 독립과 통일과 발전을 지향하는 민족주의 입장에서 신탁통치를 일관되게 반대하였다. 한편, 이승만과 한민당은 신탁통치를 반대하면서 남한단독정부 수립을 추구하고, 극좌세력은 찬탁과 남북통일정부 수립을 지향하였다. 중도세력은 신탁통치 문제를 일단 보류하고 우선 통일정부 수립을 주장하였다. 반탁의 대열에 함께 선 한민당은 반탁을 통해 민족주의적 대열에 참여함으로써 일제 시기의 방관자적 타협적 요소의 때를 씻고, 동시에 반탁 속에서 반공의 기회를 포착하고자 했다.

백범의 노력은 큰 시련을 맞았다. 남한에서 주권을 행사하고 있는 미군정과 정치, 경제, 사회적 영향력을 가진 이승만과 한민당을 중심으로 하는 남한단독정부 수립세력이 정치의 주도권을 장악한 것이다. 이러한 와중에 징치懲治의 대상이었던 부일친일세력이 기지개를 켜기 시작하였다. 좌우익을 아우르는 자주독립의 민족통일국가 건설을 추구한 백범의 정치적 입지는 좁아져 가고, 그의 의로운 노력은 안타까움을 더해 갔다. '제2의 3·1운동', '제2의 독립운동'이라는 각오로 전개한 백범의 반탁투쟁은 이처럼 처음 생각과는 너무도 어긋나 버렸다. '미소 양 군 철수', '남북통일', '완전한 자주독립'을 이념으로 하는 백범의 반탁투쟁은 개인적 당파적 이익과 이념을 앞세우는 현실 속에서 힘을 잃어 갔다. 신탁통치안은 저지되었으나, 조국의 정치현실은 백범의 기대와는 다르게 전개되어 갔다. 이러한 상황에 대해 그는 1946년 8월 15일 「해방 1주년 축사」에서 다음과 같이 자신의 심경을 토로하였다.

오늘에 와서도 자주독립을 갈구해 마지않는 민중의 기대를 만족시키지 못하고 그들을 혼란과 환멸 속에 방황케 한 것을 생각할 때, 내 자신 지도자로서 미력함을 심각히 느끼며 기쁨보다 슬픔이 더욱 크기도 하다.

1947년 1월 16일 '김좌진 장군 추도식'에서 백범은 '추도사'를 통해, "살아서 오늘날 이 꼴을 본단 말이오. 당신은 영혼이 되시어 우리 동포를 이끌어 가는 나를 보호해 주시오." 하면서 눈물을 뿌렸다. 그는 당시의 비통한 심정을 이렇게도 토로했다. "그동안에 기구한 객관적 정세의 발전은 외로 국제관계에 별 호전이 없고, 내로 인민이 도탄에 신음하고 있다. 가슴을 부둥켜안고 통곡을 한들 시원할 것이 무엇이랴마는 노안에서 혈루가 방타滂沱(비가 퍼붓듯이 쏟아짐)함을 금할 수 없다."(1947년 2월 7일, 「삼천만 동포에게 고함」)

3) 민족통일국가 수립에 사력을 다하다

(1) 남한단독정부 수립 주장과 좌우합작운동

1946년 3월에 개최된 미소공동위원회 1차 회의가 결렬되자, 미군정이 남한단독정부 수립을 계획하고 있다는 소식이 국내 신문에 보도되었다. 그 후 1946년 6월 3일 이승만은 소위 '정읍발언'을 통해, 남한단독정부 수립을 주장하였다. 소식을 접한 백범은 깊은 한숨을 쉬며 다음과 같이 말했다. "그렇게 하려면 독립운동을 왜 했는가? 남한단독정부 수립은 절대로 아니 된다. 남북이 갈라지면 동족상잔의 전쟁밖에 할 것이 없다."

제1차 미소공동위원회가 별다른 기능을 하지 못하고, 좌우대립이 격화되고, 이승만을 중심으로 한 일부 우익세력의 남한단독정부 수립 주장이 표출되자 좌우합작운동이 일어났다. 이는 중도우파인 김규식과 중도좌파인 여운형이 주도하였다. 우선 남한에서라도 좌우합작을 통해 좌우 타협을 모색하고, 그것을 바탕으로 남북한의 통일정부를 이루어 내자는 것이다. 미군정도 이 운동을 지원했다. 1946년 10월 7일 좌우합작위원회는 '좌우합작 7원칙'을 발표하였다. 그 주요 내용은 남북한의 민주주의 임시정부 수립, 토지개혁, 친일파 민족반역자 처리, 기본적인 자유권 보장 등이다.

백범은 이 운동이 신탁통치와의 고리를 완전히 차단하지 않았다는 문제점을 지적하였다. 그럼에도 불구하고, 이 운동이 민족통일정부 수립을 위한 하나의 방편이 될 수 있다는 점에서 지지성명을 발표했다. "통일이 없으면 독립이 없고, 독립이 없으면 우리가 멸망하는 것은 필연적이다."라는 것이 그의 확고한 신념이었다. 민족통일국가 수립에 대한 백범의 열망은 포기할 수 없는 것이었다. 민족의 장래를 위해, 동족상잔을 피하기 위해, 후손들의 행복한 삶을 위해 민족통일국가 건설이 필수적이라는 신념을 그는 오래전부터 갖고 있었다. 이러한 신념에서 그동안 백범은 어떻게 하든 좌우익을 통합하여 전 민족이 하나가 되는 통일국가·통일정부를 수립하기 위해 전심전력을 다했다.

그러나 당시 국민의 열망과 기대를 모았던 좌우합작운동은 결국 무산되었다. 공산당을 비롯한 극좌세력은 반공산주의적이라는 이유로 반대하고, 한민당을 중심으로 한 극우세력은 토지개혁과 친일파 숙청을 이유로 반대하였기 때문이다. 백범의 간곡한 호소에도 불구하고 당파적 이익과 개인적 사리사욕에서 벗어나지 못한 것이다.

(2) 남북한 단독정부 수립을 결단코 용납할 수 없다

미국과 소련의 서로 다른 이해관계와 국내 정치세력 간의 분열과 갈등은 민족통일국가 수립을 어렵게 만들어 갔다. 이러한 상황을 보다 명확하게 하는 사건이 1947년 3월에 일어났다. 미국 대통령 트루먼이 냉전체제의 시작을 알리는 '대소봉쇄 정책'인 '트루먼 독트린'을 선언(3월 12일)한 것이다. 이것은 미국이 대소 협력을 통해 2차대전 이후의 세계질서를 이끌어가고자 한 종전의 세계 전략 포기를 뜻했다. 그러자 1947년 5월에 개최된 미소공동위원회 2차 회의도 합의점을 찾지 못하고 10월에 결렬되었다.

미국은 미소공동위원회를 통한 한국 문제 해결을 포기하고, 1947년 9월 17일에 한국 문제를 UN으로 이관하였다. 당시 UN은 미국의 영향력하에 있었다. 1947년 11월 14일 UN총회 본회의는 미국이 제출한 결의안을 절대 다수로 통과시켰다. 결의안의 핵심 내용은 남북한 통일정부 수립을 위한 남북한 총선거를 실시하고, 이를 위해 UN한국임시위원단을 설치하자는 것이다. 이즈음 백범은 민족구성원 모두가, 특히 정치지도자들이 언제나 새겨야 할 호소문을 발표하였다. 주요 내용은 아래와 같다.

자신이 살아갈 길을 모른다는 것은 슬픈 일이다. 민족이 다시 사는 설계도를 꾸미기 전에 먼저 두 손을 가슴에 얹고 자기 자신에게 반문해 보면 스스로 뚜렷이 다시 사는 길이 보일 것이다.

'조선 사람은 어떻게 살아야 할 것인가? 40년 동안의 쓰라린 경험을 다시 되풀이하더라도 눈앞의 조그마한 이익을 위하여 아첨하고 타협해야 할 것인가?'

'누구를 위한 독립이요, 누구를 위한 정치투쟁인가? 민족의 내일 운명이 어찌되었든 내 당파만의 득세를 꾀하고 개인의 불순한 영예를 위하여 사리사욕을 만족시키고 정치욕을 만족시키는 길로 달음질쳐도 옳은 것인가?'

이 엄숙한 역사적 명제에 대한 확고한 해결을 얻을 때, 우리 민족이 다시 사는 길은 명백히 각자의 마음속에 나타날 것이며, 우리 민족의 독립 또한 마음속에서부터 우렁차게 소리치고 나올 것이다. 나는 이 평범한 명제를 조선 민족의 '마음의 건설', '민족성의 재건'이라 부르고 싶다. 독립을 왜 해야겠으며 왜 우리는 다시 살아야 하는가 하는 이 쉽고도 어려운 마음의 건설로부터 우리의 첫걸음을 시작해야 할 것이다.

_『백민白民』, 1947년 11월 호.

백범은 UN한위가 "우리가 원하는 자주독립의 통일정부 수립을 임무로 한다."라는 점에서 한위의 입국을 환영하였다.
이와 동시에 그는 1947년 성탄절을 즈음하여 다음과 같이 UN
한위의 역할을 제시했다.

우리가 원하는 바도 자주통일정부요, 어떠한 경우에도 단독정
부는 절대로 반대할 것이다. 유엔위원단의 임무는 남북총선거
를 감시하는 데 있다.

그는 '유엔한국위원단에 보낸 의견서'(1948년 1월 28일 발표)에
서도 "우리는 남북한 총선거에 의한 통일된 완전 자주적 정부
의 수립만을 요구한다."라는 점을 분명히 하였다. 이 의견서
는 6개항으로 된바, '총선거는 인민의 절대 자유의사에 따라
실시되어야 한다', '북한에서 소련이 입경을 거절하더라도 남
북한 총선거 실시를 태만히 해서는 아니 된다'는 내용을 포함
한다. 또한, 남북한의 정치범 석방, 미소 양 군의 철수, 남북한
인 지도자회의 소집 등의 내용도 담고 있다.
이 의견서가 발표되자 단독정부 수립세력은 연일 백범을
비난하였다. 특히, 한민당이 주축이 되어 조직한 '한국독립정

부수립대책협의회'는 백범에 대해 '소련의 대변인', '크렘린의 한 신자' 등 모욕적인 표현도 서슴지 않았다. 이와 같은 모략과 비난은 민족독립을 위해 신명을 바쳐 온 백범에게는 가슴 아픈 일이었다. 일제와의 투쟁에서 받았던 고통보다 더 견디기 어려운 마음의 고통이었다. 그럼에도 불구하고 백범은 "통일정부 수립을 위해서라면 어떠한 비난이나 모욕도 마다하지 않겠다."라면서 UN한위에 남북한 총선거 실시의 필요성과 당위성을 역설하였다. 그는 민족분단이 고착되어 가는 통탄스러운 조국의 현실을 마주하여 1948년 2월 10일에 「삼천만 동포에게 읍고함」을 발표했다. 그 주요 내용은 다음과 같다.

한국이 있고야 한국 사람이 있고, 한국 사람이 있고야 민주주의도 공산주의도, 또 무슨 주의도 있을 수 있다. 우리의 자주독립적 통일정부를 수립하려 하는 이때에 어찌 개인이나 자기 집단적 사리사욕을 탐하여 국가민족의 백년대계를 그르칠 자가 있으랴. …
마음속의 삼팔선이 무너지고야 땅 위의 삼팔선도 철폐될 수 있다. 현재 나의 유일한 염원은 삼천만 동포와 손잡고 통일된 조국, 독립된 조국의 건설을 위하여 더불어 투쟁하는 것뿐이다. 조국이 육신을 요구한다면 당장에라도 제단에 바치겠다.

나는 통일된 조국을 건설하려다가 삼팔선을 베고 쓰러질지언정 일신에 구차한 안일을 취하여 단독정부를 세우는 데는 협력하지 않겠다.

백범의 분투에도 불구하고 소련은 UN한위의 북한 입국을 거부하고, UN소총회는 1948년 2월 20일에 남한만의 총선거 실시를 결의했다. 그는 안타까운 현실에서 오는 참담한 심정을 「도산 안창호 선생 애도문」(1948년 3월 10일)에서 이렇게 토로하였다.

조국의 위기를 담소와 환희와 추종으로 맞는 자가 적지 않나이다. 이와 같이 현실을 바로 보지 못하는 현상을 볼 때마다 김구도 죽음으로써 그들의 정신을 환기하고자 선생의 뒤를 따르고 싶은 마음이 날 때가 한두 번이 아니었으나, 한갓 죽는 것보다는 잔명이 있을 때까지 좀 더 분투하는 것이 유효할까 하여 구차히 생명을 연장하고 있나이다.

미군정은 1948년 3월 18일자로 "5월 10일에 삼팔선 이남 지역만의 총선거를 실시한다."라는 총선거법을 공포하였다. 여기에는 이승만과 한민당을 주축으로 하는 남한단독정부 수립 운동의 영향도 컸다고 할 수 있다. 그들은 '하루빨리 가능한 지역에서만이라도 선거를 실시하자'고 주장해 왔다. 백범이 염려하고 걱정하면서 혼신의 힘을 다해 막아 보고자 한 남북한 단독정부 수립이 가시화되었다. 개탄스럽고 참담하였다. 민족의 장래를 생각할 때, 백범은 밤잠을 이룰 수 없었다.

(3) 남북한 통일정부 수립을 위한 몸부림

앞에서 언급한 바와 같이, 백범은 민족통일국가 수립이 자주적 민족국가 건설을 위해 반드시 필요하다는 굳은 신념을 갖고 있었다. 그는 "조국의 완전한 독립은 조국의 통일에서만 완성될 수 있는 것"으로 인식하였다. 이러한 신념에서 그는 남북한이 각기 단독정부 수립을 추진해 가자 북측에 '남북정치지도자회의'를 제안하고, 1948년 4월 19일에 북으로 가겠다고 선언하였다.

북행이 발표되자, 미군정은 "남북협상은 공산주의계열의

간계이니 국민들은 이에 속지 말라."라는 성명을 발표했다. 이승만과 한민당을 중심으로 하는 단독정부 수립세력도 북행을 비현실적이고 무모한 행위로 규정하고, 연일 비난하였다. 1948년 3월 21일 『신한일보』 사장과의 대담에서, 남북한 통일정부 수립이 현실적으로 불가능하다는 주장에 대해 백범은 이렇게 답했다.

현실적이냐 비현실적이냐의 문제가 아니다. 그것은 정도냐 사도냐의 문제이다. … 외국의 간섭이 없고 분열이 없는 자주독립의 통일국가를 수립하는 것은 민족의 지상 명령이니 이 지상 명령에 순종할 따름이다. 우리가 30여 년이나 망명 생활을 한 것도 가장 비현실적인 길인 줄 알면서도 민족의 지상 명령이므로 그 길을 택한 것이다.

백범을 지지하는 일반 국민들과 청년 학생들의 반대도 심했다. 그들은 북행이 초래할 백범의 정치적 입지 약화를 염려하고, 북측에 이용당할 것을 걱정하였다. 백범은 이렇게 답했다. "내가 지금 가는 것은 민족을 살리기 위해서다. 우리가 독립운동을 한 것은 민족이 분열되는 것을 보려고 한 것이 아니다. 되든 아니 되든 하나의 정부를 만들기 위해 노력해야 한다. 어렵다고 그냥 주저앉는다면 우리는 역사의 죄인이 된다." 그는 언제나 민족의 장래를 생각하고 대의를 중요하게 여겼다.

백범은 임정을 이끌어 오면서 공산주의세력과 대부분 갈등 관계에 있었다. 그들과의 협상과 통합이 얼마나 어려운 일인가를 직접 경험했다. 그럼에도 불구하고 분단이 초래할 참혹한 동족상잔을 생각할 때, 지푸라기라도 잡지 않을 수 없었다. 그는 '남북한 4자(4김 − 김구, 김규식, 김일성, 김두봉)회담'에 한 가닥의 기대감도 가졌다. 사람은 자신의 마음에 비추어 남의 마음을 읽기도 한다. 김일성도 만주에서 항일무장투쟁을 했고, 김두봉도 독립운동가였다.

특히, 김두봉은 잘 아는 사이였다. 한글학자이기도 한 김두봉은 백범의 부인 최준례 여사의 비석에 한글로 사망 날짜를 적어 준 적이 있을 정도였다. 네 사람이 독립운동의 동지로서 또 동포애와 민족애로서 허심탄회하게 민족의 앞날을 걱정하다 보면, 통일정부 수립에 대한 합의도 이끌어 낼 수 있을지

북행 중 38도선 표지판 앞에 선 백범(왼쪽은 아들 신, 오른쪽은 선우진)

모른다는 일말의 희망도 가졌을 것이다. 그는 김두봉에게 "우
리의 몸을 반쪽으로 나눌지언정 허리가 끊어진 조국이야 어

찌 차마 더 보겠나이까. 가련한 동포들이 남북으로 흩어져 떠도는 꼴이야 어찌 차마 더 보겠나이까."라고 쓴 애절하고 간절한 편지를 보냈다.

백범은 평양에서 열린 '남북정치지도자 15인연석회의'에 참석하고 '4자회담'도 가졌다. 4자회담은 "① 외국군을 즉시 철수하고, ② 남북정당사회단체협의회를 소집하여 임시정부를 수립하고, ③ 총선거를 통해 입법기관을 선출한 다음 헌법을 제정하고 통일정부를 세우며, ④ 남한의 단독선거를 반대한다."라는 공동성명서를 채택하였다. 이후 5월 5일에 백범 일행은 서울로 돌아왔다. 그들은 귀환성명을 통해 이 회담이 민주적 통일정부를 재건하기 위해 남북의 단독선거와 단독정부를 반대하는 데 있었음을 설명하였다.

그러나 실제에 있어 남북한은 각기 단독정부 수립의 길을 가고 있었다. 미군정도 남북정당사회단체대표합동회의 요청서에 대한 반대성명을 발표했다. 1948년 5월 10일에 남한 단독선거가 실시되고, 8월 15일에 남한단독정부인 대한민국이 수립되었다. 북한도 9월 9일에 단독정부인 조선민주주의인민공화국을 수립했다. 이로써 자주독립의 민족통일국가 수립을 염원하는 겨레의 소망과 이 소망을 실현시키기 위해 혼신의 힘을 다한 백범의 노력은 물거품이 되고 말았다.

|

7

백범! 서거하다

1) 만년晩年의 백범 ─ 휘호에 삶과 사상을 담다

1949년 새해 아침이 되었다. 희망찬 새해 아침, 밝은 새해 아침이 되어야 했으나 백범에게는 그러하지 못했다. 회한과 걱정의 새해 아침이었다. 그는 「연두소감」에서 이렇게 썼다.

우리는 이제 또 새해를 맞게 된다. 지난 1년을 살아 온 나의 자취를 돌아보면 부끄러운 것뿐이다. … 통일론자라 하면서 점점 굳어 가는 국토의 분단을 막지 못하였고, 마땅히 할 말을 하지도 못하였다.

묵은해가 몇 번 가고 새해가 몇 번 와도 우리 삼천만 대다수의 유일한 최고의 염원은 조국의 자주적·민주적 통일 독립뿐이다. 과거 1년을 돌아보아 서글픔이 있다면 이 염원이 성취되지 못한 것뿐이요, 오는 1년에 새 희망을 붙인다면 이 염원의 달성뿐이다.

남북한 단독정부 수립 이후 백범은 가능한 한 현실 정치에 대해서는 침묵을 지키면서, 독서와 서예를 주로 하였다. 요청이 있고 꼭 필요한 경우, 소감이나 기념사를 발표하거나 강연을 하기도 했다. '자신의 팔자가 사납다'고 하여 주례는 일체 서지 않았다. 이 시기에 그가 자주 쓴 휘호들을 살펴보면서 그의 삶과 사상을 되새겨 본다.

踏雪野中去 不須胡亂行(답설야중거 불수호란행)
今日我行蹟 遂作後人程(금일아행적 수작후인정)
눈 덮인 들판을 걸어갈 때는 함부로 어지럽게 걷지 말라
오늘 내가 가는 이 발자취는 뒷사람의 이정표가 될 것이다

그가 자주 쓴 이 휘호는 1948년 광복 3주년 날에도 쓰이고, 같은 해 안중근 의사 의거(1909년 10월 26일) 39주년 기념일에도 쓰였다. 서산대사가 지은 것으로 알려진(근래의 연구는 조선 후기의 시인 이양연李亮淵의 시라고 함) '답설야踏雪夜'라는 시구이다.

백범은 역사의 평가를 중요시하였다. 그가 1948년 4월 남북협상을 위해 평양에 간 동기도 "역사의 죄인이 되지 않고자 함"이었다. 민족의 영속성을 강조하고 언제나 민족의 장래를 생각한 그는 오늘 우리들의 행적이 후손들의 귀감이 된다는 점을 명심하였다.

> **死於大義名分**(사어대의명분)
> **生於民族正氣**(생어민족정기)
> 대의명분을 위하여 죽고
> 민족정기를 위하여 산다

1948년 10월 1일, 백범은 전남 삼균학사三均學舍 개소식에 참석하기 위해 광주에 갔다. 그는 친일 반역자 처리 문제에 대한 기자의 질문에 다음과 같이 답변했다. "우리 동양의 정치 윤리는 무엇보다도 대의명분을 중요시한다. 이 대의명분과 민족정기를 내세우지 않고서는 민족 질서와 혁명 기율을 바로잡지 못할 것이다. 이러한 의미에서 반역 친일분자들을 그대로 둘 수 없는 것이다." 또한, 1937년 5월 17일에 이윤환의 총격을 받고 사경을 헤매다 살아난 후 동포들에게 이런 편지를 쓴 바 있다. "저는 지금까지 살아오면서 충과 의를 지키기 위해 애써 왔습니다." 환국 후 경교장의 쌀이 떨어지고 축의금이 없어서 직접 쓴 휘호를 가지고 갈 정도의 경제적 어려움 속에서도 친일파의 도움은 결단코 받지 않은 그였다. 백범은 신교육사업을 할 때에도 학생들에게 "남아는 의를 위해 죽을지언정 구차하게 살지 않는다"라고 가르쳤다. 그의 전 생애는 언제나 대의명분과 민족정기를 붙들고 살아온 삶이다. 민족정기, 민족혼이 없이는 민족의 독립도 민족의 통일도 있을 수 없다는 것이 그의 확고한 신념이었다.

> **允執厥中**(윤집궐중)
>
> **擇善固執**(택선고집)
>
> 진실로 그 가운데를 잡아라
>
> 선한 것을 선택하여 굳센 의지로 지켜라

　백범은 1949년 3월 20일 건국실천원양성소에 보낸 건립 1주년 기념사에서 『중용』에 있는 '윤집궐중'과 '택선고집'을 인용하였다. 정의는 반드시 최후에 승리하는 것이니, 민족의 대의인 남북 통일정부 수립에 대한 확고한 의지를 잃지 말라는 것이다. 건국실천원양성소는 1947년 3월에 자주적 민족통일 국가 건설에 필요한 인재 양성을 목적으로 백범이 설립하였으나, 그가 암살된 후 1949년 8월에 해체되었다.

　백범은 한말 구국운동때부터 민족과 국가의 유지와 번영을 위해서는 젊은 인재 육성이 무엇보다 필요하고, 그것을 위한 교육이 중요하다는 점을 절실히 깨달았다. 그리하여 그는 일찍이 신교육사업과 애국계몽운동에 힘썼다. 그의 국가 이념인 삼균주의도 교육을 정치, 경제와 함께 국가의 근간으로 자리매김하였다.

思無邪(사무사)
생각에 사특함이 없다

'사무사'는 백범이 만년에 자주 쓴 휘호의 하나이다. 공자孔子가 『시경』의 시 300편을 한마디로 요약하면 '사무사'라 할 수 있다고 한 후, 이해관계를 초월해 도의를 추구하는 선비의 덕목으로 강조되었다.

백범은 어떤 의지를 세우고 그것을 실천하고자 할 때면 언제나 대의명분에 충실하고자 했다. 남북협상을 위해 북행한 것도, 21세 때 국모國母(명성황후) 시해에 대해 복수한 것도 대의명분에 따른 것이다. 반탁투쟁 과정에서, 또 통일정부 수립운동을 하면서 백범은 국민의 안녕이나 민족의 장래를 아랑곳하지 않고, 자신이나 자기 정파의 이익만을 앞세우는 자들과 수없이 마주쳤다. 그럴 때마다 그는 민족의 앞날을 위해 '사무사'로 대동단결하고, 완전 독립의 통일국가 수립을 위해 함께 힘쓰자고 호소하였다.

> **百足之蟲 至死不僵**(백족지충 지사불강)
> 백 개의 다리를 가진 벌레는 죽어도 엎어지지(쓰러지지)
> 않는다

이 글귀는 백범이 한독당 당원들과 건국실천원양성소 학생들에게 쟁족운동爭足運動(다리 되기 운동)을 제창하면서 인용한 것이다. 남들이 쟁두운동爭頭運動(우두머리 다툼)을 할 때, 우리들은 낮은 자리에서, 심부름꾼으로 열심히 실천하는 사람이 될 것을 강조하였다. 앞서 언급했듯 백범은 서대문감옥에서 이렇게 기도하였다. "하나님! 우리도 언젠가 독립정부를 세우게 되거든 저는 그 집의 뜰도 쓸고, 유리창을 닦는 일을 해 보고 죽게 하여 주시옵소서!" 또 그는 1919년 임시정부 수립 얼마 후 내무총장인 도산 안창호에게 임시정부의 문지기를 자원한 적도 있다. 그는 독립운동이나 반탁투쟁 및 민족통일국가 수립운동 과정에서 우두머리 다툼 때문에 분열하고 실패하는 경우를 무수히 경험했다. 쟁족운동의 필요성을 절감한 것이다.

1949년 3월 26일 안중근 의사 순국 39주년을 추모하며 쓴 것이다. 한 달 뒤, 윤봉길 의사 의거 기념일에도 쓰였다. 우리는 흔히 '아는 것은 쉽지만, 행하기는 어렵다'고 한다. 백범은 거꾸로 실천하는 것보다는 아는 것이 더 어렵다고 했다. 실천하는 것이 쉽다는 뜻이 아니라, 명확하고 올바르게 아는 것이 어렵고 중요하다는 점을 강조한 것이다. 여기서 아는 것을 강조하는 것은 곧 정신이나 사상을 강조하는 것이다. 백범의 이러한 사상은 평생의 스승인 고능선으로부터 영향을 받았다. 고 선생은 외세에 의존하고 사리사욕에 눈이 먼 조정 대신들이 옳은 것과 해야 할 바를 제대로 알지 못함을 개탄했다.

백범이 고향 황해도에서 신교육사업과 애국계몽운동에 힘쓴 것도 아는 것의 중요성을 인식했기 때문이다. 국민들이 무지에서 벗어나 제대로 된 지식을 가져야 애국심을 가질 수 있고, 국민들의 투철한 애국심이 있어야 일본으로부터 완전한 주권을 회복할 수 있다는 것이다. 알다시피, 서대문감옥에서 호를 백범으로 바꾼 것도 이와 같은 동기이다. 『일지』의 관련 내용을 다시 인용해 본다. "감옥에서 여러 해 동안 연구한 결과 우리나라의 하등사회, 곧 백정이나 범부들도 애국심이 나 정도는 되어야 완전한 독립 국민이 될 수 있겠다는 간절한 소망 때문이었다."

임시정부 활동 중에는 중국 쑨원(孫文, 손문)의 영향도 받았을 것으로 보인다. 쑨원은 신해혁명을 이끌면서 구시대의 낡은 정신(사상) 타파를 주창하고, 지난행이를 제시했다. 백범은 「환국 1주년 소감」에서 '마음이 죽는 것보다 더 큰 절망은 없다'면서, 새로운 국가를 건설하려면 먼저 새로운 마음이 건설되어야 함을 역설하였다. 출간본 『일지』의 「저자의 말」에서도 "무릇 한 나라가 서서 한 민족이 국민 생활을 하려면 반드시 기초가 되는 철학이 있어야 한다."라고 밝혔다. 또한 그는 독립국가를 수립하기 위해서는 '마음의 건설', '민족성의 재건'이 전제되어야 함을 강조했다.(『백민』, 1947년 11월 호) 이러한 그의 신념은 『일지』와 「나의 소원」 그리고 그의 연설문이나, 성명서, 기념사, 강연 등을 언제나 관통하고 있다.

우리가 개인의 차원에서 어떤 행동을 하려면 먼저 '나는 누구인가?', '나는 어떤 현실 속에 있는가?' 등에 대한 명확한 인식을 하고(알고), 그 앎을 바탕으로 하여 '나는 무엇을 (해야) 할 것인가?'에 대한 의지를 세워야 한다. 그래서 무엇을 실행하려면 정확한 앎(지식)과 확고한 의지가 전제되어야 하는 것이다. 일제는 식민지 지배를 하면서 우리나라의 독립운동을 효과적으로 억제하기 위해 황국신민화정책을 실시하였다. '한국성명 말살(창씨개명)', '동조론同祖論' 주입, '한글과 한국어 사용금지', '한국역사 왜곡', '황국신민 선서' 등을 통해 먼저, 우리의 민족의식이나 민족정신을 말살하고자 한 것이다.

> **洪流砥柱**(홍류지주)
> 시류時流에 휩쓸리지 않는 우뚝 선 바위

백범이 1948년 10월에 쓴 휘호이다. 그는 청년들에게 자주물을 거슬러 올라가는 물고기 즉, 역수어逆水魚의 정신을 강조하였다. 같은 의미로 '홍류지주'가 될 것을 당부했다. 우리는 이미 백범의 삶을 통해 '역수어의 정신'과 '홍류지주'를 빈번히 대면할 수 있었다. 또한, 1949년 3월 삼균주의학생동맹에서 한 것으로 알려진 강연에서 그는 청년 학생들에게 다음과 같이 부탁했다.

황하黃河강 한복판에 우뚝 선 지주砥柱의 기백, 급류에 휩쓸리지 않고 용감하게 이를 물리치는 풍모, … 여러분들은 물 흐르는 대로 따라가는 죽은 물고기가 되지 말고 물을 거슬러 올라가는 목적 있는 산 물고기가 되기 바랍니다.

백범의 삶에서 현실적이냐, 비현실적이냐는 문제되지 않았다. 옳은 것이냐, 그른 것이냐가 중요했다. 그의 삶의 궤적을 쫓다 보면, 다음과 같은 다산 정약용의 말을 생각하게 된다. 유배지인 강진에서 맏아들에게 보낸 정약용의 편지에는 이런 내용이 있다. "천하에는 두 가지 기준이 있다. 하나는 옳고 그름의 기준이고, 다른 하나는 이로움과 해로움의 기준이다. 이 두 가지 기준에서 네 가지 단계가 나온다. 옳음을 지키면서 이로움을 얻는 것이 가장 높은 단계(등급)이고, 그 다음은 옳음을 지키고 해로움을 입는 단계이다. 그 다음은 그름을 쫓아 이로움을 얻는 단계이고, 가장 낮은 단계는 그름을 취하고도 해로움을 당하는 경우이다. … 너는 세 번째를 취해 봄이 어떻겠느냐고 하지만, 그것은 필경 네 번째 단계로 떨어질 것이다. 내가 어찌 그렇게 하겠는가?'

2) 백범의 서거

대한민국 출범 이후 백범은 계속되는 테러 위협과 감시에 시달려야 했다. 1949년 초에는 백범을 암살하려 한다는 소문이 파다하게 퍼지고 있었다. 이러한 소문에 대해 그는 "왜놈도 나를 죽이지 못했는데 설마 동포가 나를 죽일려구." 하면서 대수롭지 않게 여겼다.

그러나 1949년 6월 26일, 초여름날의 밝은 햇살이 눈부시게 쏟아지는 일요일 정오에 독서 중이던 백범은 74세를 일기로 파란 많은 일생을 마쳤다. 그가 그렇게도 믿고 사랑한 동포의 흉탄에, 그가 민족의 장래를 위해 깊은 애정을 가졌던 젊은 이, 그것도 현역 군장교가 쏜 네 발의 총탄을 맞고 서거한 것이다. 조국과 민족을 위해 모든 것을 바친 생애였다. 이와 같은 그의 생애는 우리 민족이 오랫동안 그를 생각하고 존경하게 하였다.

백범을 암살한 안두희는 끝까지 단독범행이라고 주장했다. 그는 한독당이 정부를 전복하려고 한다는 점과 백범이 미군 철수를 주장했다는 점을 암살 이유로 들었다. 많은 국민들은 안두희의 단독범행 주장을 믿지 않았다. 의심의 근거들은 수없이 많았다. 이후 안두희는 군사재판에서 무기징역을 언도받았다. 그러나 6·25 당시 특사로 석방되어 국방부에 근무하다 복권했고 육군 중령으로까지 승진하였다. 예편 후에는 군납업으로 많은 재산을 모았다.

그동안 배후를 밝히기 위한 시도들도 있었다. 4·19 이후 도피 중인 그를 체포해 배후를 추궁했으나 내막을 밝히지는 못했다. 1992년 4월 안두희는 『동아일보』와의 회견 및 문화방송과의 인터뷰를 통해 범행 배후에 대한 단서들을 제공하기도 했다. 그는 범행 배후로 여럿을 거명했으나 확실한 물증은 확보되지 못했다. 1994년 초 제15대 국회의 '김구 선생 암살진상

국민장 행렬

조사 특별위원회'가 안두희를 국회증언대에 세웠으나 그는 치매 상태라고 주장하면서 직접 증언을 거부하고 녹음 증언으로 대신했다. 백범 암살 사건은 지금도 합리적 심증은 있으나 확실한 물증이 없는 상태로 남아 있다.

백범의 장례식은 1949년 7월 5일 국민장으로 거행되었다. 이날은 임시공휴일로 지정되고 집집마다 조기가 드리워졌다. 124만여 명이 그의 거처인 경교장을 찾아 조문하였고, 잔뜩 찌푸린 서울 하늘 아래에서 온 국민의 애통과 오열 속에 영결식이 치러졌다. 한독당을 대표한 엄항섭의 조사는 통곡이었고 영결식장은 울음바다가 되었다. 다음과 같은 박두진의 시 "오! 백범 선생"의 마지막 구절은 백범의 삶을 적절히 대변해 준다.

뒷날에 뉘 있어 스스로 나라를 사랑했다 이를 양이면
스스로의 가슴에 조용히 손을 얹고 이제 백범 가신 이의
생애에다 물어보지 않고는 스스로 아무나 나라를 사랑했다
생각하지 말아라.

3

백범 김구의 사상

백범은 한국민족운동의 상징으로 추앙받아 왔고, 그의 생애와 민족독립운동 그리고 민족통일국가 수립운동 등에 대해서는 그동안 비교적 많은 연구가 이루어져 왔다. 반면, 그의 사상에 대한 조명은 많지 않다. 그래서인지 사상가로서의 백범을 대하는 데 우리는 낯설어 한다. 그러나 생사를 초월한 그의 애국 애족적 삶은 자신의 사상 내지 철학에 준거하였다. 동시에 그의 투철한 실천적 삶은 그의 사상을 보다 폭넓고 충실하게 하였다.

그의 사상은 『백범일지』(제2장 이하 『일지』로 표기함)의 「나의 소원」에 집중적으로 담겨 있다. 또 그가 발표한 많은 글들(논설·평론·담화문·성명서·선언서·기념사 등)에도 나타나 있다. 이 장에서는 「나의 소원」과 그의 발표문을 중심으로 하여, 백범의 사상을 국가사상과 민족주의사상으로 나누어 살펴본다.

「나의 소원」은 『일지』를 처음 출간할 때(국사원, 1947), 『일지』 원본에 덧붙여 기록한 글이다. 그는 국사원본 『일지』 '저자의 말'에서 부기한 이유를 다음과 같이 자세히 밝혔다.

끝에 붙인 「나의 소원」 한 편은 내가 우리 민족에게 하고 싶은
말의 요령을 적은 것이다. 무릇 한 나라가 서서 한 민족이 국민
생활을 하려면 반드시 기초가 되는 철학이 있어야 한다. 이것이
없으면 국민의 사상이 통일되지 못하여 더러는 이 나라의 철학
에 쏠리고 더러는 저 민족의 철학에 끌리어 사상과 정신의 독립
을 유지하지 못하고 남을 의뢰하고 저희들끼리는 추태를 나타
내게 된다. 오늘날 우리의 현실을 보면, 더러는 로크의 철학을
믿으니 이는 워싱턴을 서울로 옮기는 자들이요, 또 더러는 마르
크스-레닌-스탈린의 철학을 믿으니 이들은 모스크바를 우리의
서울로 삼자는 자들이다. 워싱턴도 모스크바도 우리의 서울은
될 수 없는 것이요, 또 되어서도 안 되는 것이다. 만일 그것을 주
장하는 자가 있다면 그것은 예전에 동경을 우리 서울로 하자는
자와 다름이 없을 것이다. 우리의 서울은 오직 우리의 서울이라
야 한다. 우리의 철학을 찾고 세우고 주장하여야 한다. 이것을
깨닫는 날이 우리 동포가 진실로 독립정신을 가지는 날이요, 참
으로 독립하는 날이다.

「나의 소원」은 이러한 동기와 이러한 의미에서 쓴 것이다. 다시 말하면 내가 품은, 내가 믿는 우리 민족철학의 대강령을 적어 본 것이다. 그러므로 동포 여러분은 이 한 편을 주의하여 읽어 주셔서 저마다의 민족철학을 찾아 세우는 데에 참고로 삼고 자극을 삼아 주시기를 바라는 바이다.

1
국가사상

백범은 평생을 민족과 국가의 독립과 통일을 위해 헌신한 민족운동가이다. 또 오랫동안 임시정부를 이끌어 온 정치가이다. 그러면서도 그는 『일지』와 그 외 여러 발표문들을 통해 자신이 지향하는 이상적인 국가를 일관되게 제시하고, 그것들에 대해 설명하였다. 이 글에서는 그의 국가사상을 민족국가사상, 신민주(주의)국가사상, 문화국가사상으로 나누어 각기 그 내용을 살펴본다.[03]

1) 민족국가사상

(1) 자주적 민족국가

자주독립의 민족국가 수립에 대한 백범의 염원은 『일지』의 「나의 소원」 서두에 극명하게 나타나고 있다.

"네 소원이 무엇이냐?" 하고 하나님이 내게 물으시면, 나는 서슴지 않고 "내 소원은 대한 독립이오." 하고 대답할 것이다. "그다음 소원은 무엇이냐?" 하면, 나는 또 "우리나라의 독립이오." 할 것이요. 또 "그다음 소원이 무엇이냐?" 하는 세 번째 물음에도 나는 더욱 소리를 높여서 "나의 소원은 우리나라 대한의 완전한 자주독립이오." 하고 대답할 것이다.

그는 서대문감옥에서 우리 민족의 백정白丁과 범부凡夫들까

03 활용하는 문헌들은 다음과 같다. 김구, 『초판본 백범일지』(최초의 출간본인 국사원본의 영인본) (서울: 지식인하우스, 2016); 김구 지음, 도진순 엮고 보탬, 『백범어록』(서울: 돌베개, 2007); 김구, 『백범 김구선생 언론집』(상·하)(서울: 나남, 2004); 김구 지음, 도진순 주해, 『백범일지』(서울: 돌베개, 2002); 김구 지음, 배경식 풀고 보탬, 『백범일지』(서울: 너머북스, 2008); 김구 지음, 도진순 탈초·교감, 『정본 백범일지』(서울: 돌베개, 2016). 별도의 표기가 없는 인용문들은 『일지』 「나의 소원」에 있는 내용이다.

지도 애국심이 자신 정도는 되어 완전한 독립국민이 되기를 바라는 마음에서 호를 연하에서 백범으로 바꿨다. 그래서 복역 중 "뜰을 쓸 때나 유리창을 닦고 할 때는 '우리도 어느 때 독립정부를 건설하거든 내가 그 집의 뜰도 쓸고 창호도 닦는 일을 해 보고 죽게 해 달라'고 하나님께 기도하였다." 그는 "나는 공자·석가·예수의 도를 배웠고 그들을 성인으로 숭배하지만, 그들이 합해서 세운 천당·극락이 있다 하더라도 그것이 우리 민족이 세운 나라가 아닐진대 우리 민족을 그 나라로 끌고 들어가지 않을 것"이라고 단언하였다.

그는 민족국가의 존립 이유로 "피와 역사를 같이하는 민족이란 확실히 있는 것이어서 내 몸이 남의 몸이 못 됨과 같이 이 민족이 저 민족이 될 수 없고", 두 민족이 한 국가를 형성하면 민족 사이에 지배와 복종이 생겨날 수밖에 없다는 점을 제시하였다. 이와 같은 인식에서 그는 우리 민족이 당면한 첫 번째 임무로 완전한 자주독립국가 수립을 제시하였다. "완전한 자주독립의 나라를 건설하지 않고는 우리 민족의 생활을 보장할 수 없을뿐더러 우리 민족의 정신력을 자유롭게 발휘하는 빛나는 문화를 세울 수 없다."라는 것이 그의 신념이었다. 그리하여 그는 민족마다 최선의 국가를 이루고 최선의 문화를 낳아 길러서 다른 민족과 서로 바꾸고 서로 돕는 것을 현실적 진리로 인식하였다. 백범이 그렇게도 소원한 자주적 민족국가에 대해 여기서는 그가 이해한 민족과 자주적 민족국가는 어떤 것이고, 그가 제시한 자주적 민족독립국가의 수립 방법은 무엇인지 살펴본다.

① 민족은 어떤 존재인가?

민족 개념에 대한 논의는 크게 두 갈래로 나누어진다. 민족의 영속적 성격을 강조하는 '원초론primordialism'과 민족을 근대화의 부산물로 보는 '도구론instrumentalism'이 그것이다. 전자는 민족이 같은 종족, 조상, 종교, 언어, 영토라는 원초적 유대에 기초해 있다고 주장한다. 후자는 민족을 근대화와 도시화라는 특정한 역사적 조건에서 나타난 '상상의 공동체'로 간주한다. 양자는 해묵은 논쟁인 객관주의적 관점과 주관주의적 관점 간의 갈등 그 연장선 위에 있다.

객관주의적 민족이론은 '문화민족kulturnation'이라는 민족 개념으로부터 출발한다. 그것은 공통의 언어, 문화유산, 종교,

관습 등과 같은 객관적 기준을 민족의 기초로 강조한다. 민족은 국가에 선행하며 공통의 역사적 가치와 사회적 유대에 기초를 둔 실재라는 것이다. 반면에 주관주의적 민족이론은 국가민족이라는 민족 개념으로부터 출발한다. 그것은 민족공동체에 기꺼이 자신을 귀속시키고자 하는 민족 성원의 주관적 의지가 민족을 만든다고 믿는다.

그러면 민족에 대한 백범의 인식은 어떠한가? 그는 민족의 존립 근거를 무엇보다 혈연적 공동체에서 찾는다. 『일지』의 「나의 소원」과 1949년 『대조大潮』 3·4월 호에 게재한 「민족통일의 재구상」에서 그는 "피를 같이하는 민족", "혈통의 조국", "혈족의 동포", "민족의 조상을 같이하는 혈통", "영원한 혈통의 바다", "민족의 조상을 같이하는 혈통 속에 흐르는 피"를 강조하였다. 또 백범은 귀국한 지 한 달 후인 1945년 12월 19일에 개최된 '임시정부 개선 환영대회'의 답사에서도 "우리 민족 개개인의 혈관 속에는 다 같이 단군 할아버지의 성스러운 피가 흐르고 있음"을 지적하고, 민족의 대동단결을 역설하였다.[『백범어록』(이하 『어록』으로 표기함), 49-50쪽.] 동시에 민족의 구성 요소로 같은 역사와 문화, 같은 언어 등도 중시하였다. 그는 민족의 영속성도 강조했다. 다음은 「나의 소원」 속 관련 내용이다.

이처럼 모든 사상도 가고 신앙도 변한다. 그러나 혈통적인 민족만은 영원히 성쇠홍망의 공동 운명의 인연에 얽힌 한 몸으로 이 땅 위에 살아가는 것이다.

이처럼 백범에게 있어 민족은 혈연과 역사, 문화, 언어, 전통 등과 같은 원초적이고 객관적인 요소에 기반을 두는 공동 운명체이며 영속적인 존재이다.

② 자주적 민족국가에 대한 인식

백범이 이해한 민족국가는 영속적 운명공동체인 민족이 수립하는 독립된 정치공동체이다. 우리의 민족적 현실이 바뀌면서 백범이 추구한 민족국가의 요건도 변화되었다.

'카이로선언'이 발표되기 이전까지 백범은 '민족국가의 독립'이 이루어지면 곧바로 '완전히 자주적이고 통일된 민족국가'가 수립될 것으로 기대하였다. 그래서 그는 '민족국가의 독립'을 "조국 해방", "복국復國", "조국광복" 등으로 표현했다.

1943년 3월에 미국 대통령 루스벨트와 영국 외상 이든은 '한국에 대한 국제공영國際公營의 신탁통치안'에 합의하였다. 이 신탁통치안이 알려진 이후부터 백범은 '완전 독립의 민족국가' 수립을 강조하였다. 특히 일제가 항복한 이후 미군과 소련군이 남북한에 진주하여 각기 군정을 실시하고, 1945년 12월에 미국, 소련, 영국의 '3상회의三相會議'에서 '5개년간의 신탁통치안'이 결정 발표되자, 백범은 형식적인 민족독립국가가 아닌 완전히 자주독립적인 그리고 통일된 민족국가의 수립을 강력히 주창하였다. 그리고 그것을 실현시키기 위해 자신의 모든 역량을 바쳤다. 이처럼 8·15광복 이전, 특히 루스벨트와 이든이 합의한 '신탁통치안'이 알려지기 전의 백범은 일제의 식민지 지배로부터 우리 민족국가의 독립을 회복시키는 데 모든 노력을 다했다. 주지하는 바와 같이, 8·15광복 이후에는 '완전한 독립', '자주독립'의 민족국가 수립을 위해 헌신하였다.

그러면 자주적 민족국가는 어떤 국가인가?

먼저, 자주적 민족국가란 민족독립국가를 뜻한다. 국가 차원의 '독립'은 일차적으로 식민지, 속령 등의 피압박 민족이 국가의 주권을 되찾는 것이다. 동시에 '독립'은 분열해 있던 민족이 독자적이고 통일된 주권국가를 수립하는 것을 의미하기도 한다. 국가가 갖는 주권은 국가의 최고의사결정권으로서 국가의 구성원인 국민의 복종을 확보할 수 있는 권력을 뜻한다.

백범은 8·15광복 이전의 각종 논설이나 평론, 선언서, 기념사 등에서 일본제국주의 지배로부터의 민족해방을 '조국광복', '조선독립', '국가독립', '대한광복', '자유 독립의 국가광복', '복국', '국토·주권의 완전한 광복', '주권 회복' 등으로 표현하였다. 당시 그가 염원한 민족국가는 '일본제국주의의 식민지지배로부터 해방되어 대내외적으로 주권을 회복하는 민족독립국가'이다.

다음으로, 우리나라에 대한 국제적 신탁통치안이 제시된 이후부터 백범이 강조한 자주적 민족국가는 어떤 국가를 뜻하는가? 우리나라에서 '자주독립'은 초기 개화파가 당시의 조중朝中관계를 문제 삼으면서부터 화두로 사용되기 시작하였다. 초기 개화파의 지도자로서 갑신정변을 주도한 김옥균은 당시의 조선을 청나라의 속국으로 인식하고, 청나라로부터 완전히 자주독립하는 것이 국가적 급선무라고 주장하였다. 청일전쟁 이후 한반도는 일본과 러시아를 중심으로 한 열강들의 이권 쟁탈지가 되었다. 우리나라 정부는 각종 이권을 열강에게 침탈당하고, 외세에 의해 정치권력이 좌우되는 등 외세에 대한 예속화를 더해갔다. 이러한 시대상황에서 독립협회는 '자주·민권운동'을 전개하였다. 여기서 자주운동은 외세의 내정간섭을 배격하고 완전한 자주독립국가 확립을 목표로 삼았다.

당시 독립협회가 강조한 '자주독립'은 "외국의 간섭을 받지 않고 외국에 의뢰하지도 않고 자기 나라 일을 자기 나라 사람이 하는 것"을 의미하였다. 이것은 '자주'에 대한 사전적 뜻풀이인 "남의 보호나 간섭을 받지 않고 제 일을 제 힘으로 함"과 별반 다르지 않다. 이와 같은 '자주독립'의 의미 규정은 백범에게 그대로 이어진다. 『일지』에서 그는 "우리 민족으로서 해야 할 최고의 임무는 첫째로 남의 절제도 받지 않고 남에게 의뢰도 하지 않는 완전한 자주독립의 나라를 세우는 일이다."라고 역설하였다. 그렇다면 그의 일차적 목표인 '자주적 민족국가'는 어떤 국가인가? 이와 관련해, 그는 "8·15 광복 2주년 기념사 — 아! 해방인가?"에서 이렇게 주장하였다.

'독립정권을 건립하자', '자율정부를 세우자'라는 말은 절대독립
인 민족국가로서 완전무결한 주권을 찾자는 것이다. 주권이 없
는 정부는 진정한 독립정권이 아니다. 자치와 독립의 차이를 확
연하게 분석할 필요가 있다. 이에 대한 명확한 인식이 없으면
자치를 독립으로 인식하기 쉽고, 독립정권과 자율정부를 건립
하려는 목적 아래 본의 아닌 자치정부를 만들 위험도 있다.

_『어록』, 150쪽.

이처럼 백범에게 자주적 민족국가란 다른 나라의 간섭이나
속박을 받지 않는, 다시 말해 타국에 대해 자유로운 상태에서
자신의 주권을 소유하고 국민 내지 민족 스스로 주권을 행사
하는 민족국가이다. 절대로 반독립국가나 형식적 독립국가가
아니다. 자주적 민족국가는 다른 나라나 민족으로부터 구속
이 없는 상태, 즉 자유로운 상태에 있는 민족국가를 가리킨다.
여기서 자주는 '국제관계에서의 자유', 즉 '국제적 차원의 자
유'를 의미하기도 한다. 이 경우에 자주와 자유는 환치될 수도

있다. 백범 역시 이와 같이 인식한 것으로 보인다. 그는 「독립선언서」 중 '조선인의 자주민임'의 '자주'를 '자유'로 표현하곤 했다. 이 점은 대한민국 임시정부가 1941년 11월에 공포한 「대한민국 건국강령」 제1장 5항의 다음 내용에도 잘 나타나고 있다. "우리나라의 독립선언은 우리 민족의 혁혁赫赫한 혁명의 발인發軔이며 신천지의 개벽開闢이니 이른바 '우리는 조국의 독립국임과 우리 민족의 자유민임을 선언하노라'라고 했다."(「건국강령」은 임시정부가 광복 후 수립할 민족국가의 이념과 형태, 정치체제와 경제체제 및 교육제도의 대강을 밝힌 것이다)

이상에서 본 바와 같이, 백범이 '그 속에서 살아 보는 것이 소원'이라고 절규한 '자주적 민족국가'는 형식적으로만 주권을 갖는 민족국가가 아니다. 주권을 보유할 뿐만 아니라 어떤 외부 세력의 구속도 받지 않고 국민 스스로 자유롭게 주권을 행사하며 국민 전체가 자유롭게 살아가는 민족국가이다. 따라서 미·영·소·중 4개국이 공동 관리하고 미소공동위원회의 지도를 받아 '임시 조선민주주의정부'가 자치하는 '신탁통치' 하의 대한민국은 자주적 민족국가가 될 수 없는 것이다. 백범에게 그것은 '을사늑약'(1905년, 을사년에 강압에 의해 억지로 체결된 '제

2차 한일협약', '을사보호조약', '을사오조약' 등으로도 불린다)으로 실시된 일본제국주의의 '보호정치'와 다를 바 없는 것이다.

이러한 인식에서 그는 1943년 3월에 미국과 영국이 합의한 '한국에 대한 국제공영의 신탁통치안'이 알려지자 즉각 이를 단호하게 반대하였다. 같은 해 7월에는 중국 국민당정부의 수뇌인 장제스를 만나 전후 한국의 '완전 독립' 보장을 위해 협력해 줄 것을 요청하였다. '카이로선언'이 발표된 직후(1943년 12월), 백범은 다음과 같은 강경한 성명을 발표한 바 있다.

> 만일 연합국이 제2차 세계대전 끝에 한국에게 무조건 자유 독립을 부여하지 않을 경우 우리는 그 침략자나 또는 침략하는 단체가 그 누구임을 물론하고 우리의 역사적 전쟁을 계속할 것을 결심하였다. _ 『언론집』(상), 144-145쪽.

1945년 12월 27일에 한국 신탁통치에 관한 '모스크바 3상 회의 결정서'가 발표되자, 백범은 다음날 곧바로 임시정부 긴급국무회의를 개최하여 '탁치반대 국민총동원위원회'를 조직하였다. 이 위원회는 "4개국 원수에게 보내는 결의문"을 채택하고, 다음과 같은 성명서를 발표했다. "우리는 피로써 건립한 독립국과 정부가 이미 존재하였음을 다시 선언한다. 5천년의 주권과 삼천만의 자유를 완전히 획득하기 위해서는 자기의 정치 활동을 옹호하고 외래의 탁치세력을 배격함에 있다. 우리의 혁혁한 혁명을 완성하자면 민족의 일치로써 최후까지 분투할 것이다." 대한민국임시정부의 수립으로 대한민국이라는 독립국가와 정부가 세워졌음을 분명히 한 것이다.

③ 자주적 민족국가를 어떻게 수립할 것인가?

첫째, 자주적 민족국가를 건설하기 위해서는 민족통일국가를 수립해야 한다.

백범은 민족통일국가 수립을 자주적 민족국가 건설을 위한 필요조건으로 인식하였다. 그에게 "조국의 독립은 조국의 통일에서만 완성될 수 있는 것"[『언론집』(하), 110쪽.]이고, "통일 없이는 독립이 있을 수 없고 독립 없이 우리는 살 수 없는 것"[『언론집』(하), 127쪽.]이다. 통일국가를 이룩하기 위해 필요한 경우, 그는 미군정에도 기꺼이 협력하였다. 미군정이 지원한 좌우합작위원회가 "좌우합작 7원칙"을 발표하자(1946년 10월), 백범은 그것을 지지하는 담화를 발표했다. 그는 지지 이유를 이렇게 밝혔다. "좌우합작의 목적은 민족통일에 있고, 민족통일의 목적은 자주독립의 정권을 신속히 수립함에 있는 것"(『어록』, 107-108쪽.) 이다.

이러한 신념에서 그는 혼신의 힘을 다해 민족통일국가 수립 운동을 추진했다. 1948년 2월 10일에는 다음과 같은 성명서를 통해 남한단독정부 수립 주장을 신랄하게 비판하였다.

나는 통일된 조국을 건설하려다가 삼팔선을 베고 쓰러질지언정 일신에 구차한 안일을 취하여 단독정부를 세우는 데 협력하지 않겠다. _「삼천만 동포에게 읍고함」, 『어록』, 183쪽.

우리는 민족통일국가에 대한 백범의 염원과 비장한 각오를 확인할 수 있다. 또 이러한 자신의 의지를 실천하기 위해 1948년 2월에는 '남북협상'과 '남북지도자회의'를 북측에 제의하고, 4월에는 '남북연석회의' 참석을 위한 북조선행을 결행하였다. 그의 북행에 대해, 그를 지지하는 일반 국민들과 청년 학생들은 저지하고자 했다. 백범은 그들을 이렇게 설득하였다. "내가 지금 가는 것은 민족을 살리기 위해서다. 우리가 독립운동을 한 것은 민족이 분열되는 것을 보려고 한 것이 아니다. 되든 아니 되든 하나의 정부를 만들기 위해 노력해야 한다. 어렵다고 그냥 주저앉는다면 우리는 역사의 죄인이 된다." 그는 언제나 자주독립의 민족국가, 통일된 민족국가 수립만을 생각하고, 자신의 개인적 영달이나 정치적 이익 등을 추구하지 않았다. 우리는 제2장 제6절 3항의 내용들을 통해, 민족통일국가를 수립하기 위해 혼신의 힘을 다하는 백범을 확인해 볼 수 있다.

둘째, 자주적 민족국가를 수립하기 위해서는 민족주체성을 확립해야 한다.

주체성을 단순화시켜 말하면, '어떤 자체(개인, 사회집단, 민족, 국가 등)가 의식, 의지, 행동의 차원에서 자아 준거적인 자기의식, 자기의지, 자기행동을 갖는 상태'라고 할 수 있다. 예를 들어, 어떤 민족이 자기 민족에 근거해서 자기 민족을 다른 민족과 구별하는 의식을 가질 때, 그 민족은 의식의 차원에서 주체성을 갖는다고 할 수 있다. 또 자체 자신에 준거해서 자기 스스로 자신의 행동 노선을 정하고 실천할 때, 다시 말해 자아 준거적으로 자기의지를 결정하고 그 의지를 스스로 실현시키고자 행동할 때, 우리는 그 자체가 의지와 행동의 차원에서 주체성을 수립한 것으로 볼 수 있다. 우리는 지금까지 많은 경우, 타체(타인, 타민족, 타 국가 등)가 규정한 것, 또는 타체에 준거한 것들을 가지고 우리 자체를 특정화하고 평가하고 나아가 행동 노선을 결정해 온 것이 사실이다. 주체성의 의미를 이해하는 데에는 위당 정인보의 '오천년간 조선의 얼'이란 글의 다음 내용이 유용하다.

얼이 없으면 사람이 아니다. 내 이제 삼가 고하노니, 제가 남이 아닌 것과 남이 제가 아닌 것을 아는가, 이것이 곧 '얼'이다. 무엇을 한다 하자 저로서 하고, 무엇을 아니한다 하자 저로서 아니하고, 무엇을 향하여 나아간다 하자 저로서 나아가고, 무엇을 바란다 하자 저로서 바라야 저를 제가 가지고 사는 것이 아닌가. '저는 저로서'가 곧 '얼'이니, 여기에 무슨 심오함이 있으며, 무슨 미묘함이 있으랴.

주체성의 의미를 이렇게 이해할 때, 민족주체성은 어떤 민족이 자아 준거적으로 자기 민족을 다른 민족과 구별하는 민족의식을 형성하고, 자기 민족의 필요나 욕구, 가치관 등에 준거해서 민족의지를 세우고, 민족 스스로가 자신의 의지를 실천하는 것을 일컫는다. 백범은 민족주체성 확립을 다음과 같이 역설했다.

우리 문제가 국제적 연관성을 무시하고 해결될 것은 아니로되, 우리 민족적 견지를 돌아보지 않고 미소의 견지를 따라 해결하려는 것은 본말과 주객이 전도된 부정당하고 부자연한 일이니 …. _"7거두 성명 —통일 독립에 여생을 바칠 것을 동포 앞에 맹세한다," 『어록』, 209쪽.

우리 민족의 비운은 사대사상의 산물이라 하지 않을 수 없다. 실질적인 이용후생이나 국민의 행복을 도외시하고, 주자학 같은 것은 원래 주희의 것 이상의 강고한 이론을 주창하여 사색당파가 생기고 수백 년 동안 다투기만 하였다. 그리하여 민족적 원기는 다 소진하고 발달한 것은 오직 남에게 의지하는 마음뿐이니 망하지 않고 어찌하리오. … 정자와 주자의 방귀를 '향기롭다'

하던 자들을 비웃던 그 입과 혀로 레닌의 방귀는 '달다' 하니 청년들이여, 정신을 좀 차릴지어다. 나는 결코 정주학설의 신봉자가 아니고 마르크스-레닌주의의 배척자도 아니다. 내가 청년들에게 바라는 것은 자신을 잊지 말라는 것이다. 우리의 역사적 이상, 우리의 민족성, 우리의 현실에 맞는 나라를 생각하라는 것이다. 자존감을 잃고 남을 무조건 추종하지 말라는 것이다. 자신의 머리와 자신의 정신으로 자신을 생각하라는 것이다.

1919년 11월에 임시정부 국무총리로 취임한 이동휘가 백범에게 공산당 입당을 권유했다. 그러자 백범은 그에게 "우리가 제3국제당(1919년 레닌의 지도하에 조직된 코민테른)의 지도나 명령을 받지 않고 우리 스스로의 힘으로 우리의 운동을 할 수 있습니까?"라고 물었다. 이동휘가 '그것은 불가능하다'고 대답하자, 백범은 강경한 어조로 "우리의 독립운동은 우리 대한민족의 운동이오. 제3자의 지도나 명령에 지배되는 것은 자주성을 상실하고 남에게 의존하는 것"(『일지』, 231쪽.)이라면서 이동휘를 비판하였다.

백범은 행동 차원의 주체성을 확립하기 위해서는 우선적으로 의식과 의지 차원에서 주체성을 수립해야 한다는 점을 명확히 인식했던 것으로 보인다. 이 점은 앞서 본 바 있는 『일지』(국사원본)의 출간사를 통해 확인된다.

오늘날 우리의 현실을 보면, 더러는 로크의 철학을 믿으니 이는 워싱턴을 서울로 옮기자는 자들이요, 또 더러는 마르크스-레닌-스탈린의 철학을 믿으니 이들은 모스크바를 우리의 서울로 삼자는 사람들이다. 워싱턴도 모스크바도 우리의 서울은 될 수 없는 것이요, 또 되어서도 안 되는 것이다. … 우리의 서울은 오직 우리의 서울이라야 한다. 우리는 우리의 철학을 갖고 세우고 또 주장해야 한다. 이것을 깨닫는 날이 우리 동포가 진실로 독립정신을 가지는 날이요, 참으로 독립하는 날이다.

셋째, 자주적 민족국가를 수립하기 위해서는 민족의 대동단결과 국민교육이 이루어져야 한다.

그는 민족적 단결을 "민족국가가 독립 자존하는 주요 전제"로 인식하였다. 그리하여 자주독립을 완성하기 위해서는 전 민족의 일치단결이 무엇보다 중요하다는 점을 역설했다.

1946년 「3·1절 경축사」에서도 모든 민족의 통일을 다음과 같이 강조하였다.

 3·1운동의 위대한 의의는 실로 그 통일성에 있는 것입니다. 지역의 동서가 없었고, 계급의 상하가 없었고, 종교·사상 모든 국한된 입장과 태도를 버리고 오로지 나라와 겨레의 독립과 자유를 찾자는 불덩어리와 같은 일념에서 이 운동을 일관했다는 점을 우리는 세상에 자랑할 수 있는 것입니다. _『어록』, 80쪽.

 신탁통치 논의에 직면해서는 '전 민족이 소아小我를 버리고 대동으로 일체가 되어 신탁통치 반대투쟁을 활발히 전개하자'고 호소하였다. 이처럼 백범은 자주독립을 앞당기기 위해서는 민족이 한 덩어리가 되는 '민족의 대동단결만이 유일한 무기임'을 거듭 강조하였다.

 또한 그는 자주적 민족국가를 수립하고 유지하고 발전시키는 데에는 교육이 기초가 되어야 한다는 점을 깊이 인식하고, 기회가 있을 때마다 그 점을 피력하였다. 그는 젊은 시절 구국의 길을 찾을 때, 이미 교육의 중요성을 체험하였다. 그리하여 국민의 계몽과 애국심 고취를 위해 신교육사업에 헌신하기도 했다. 이에 더해 국민교육이 제대로 이루어져야 정치와 경제도 제대로 운영될 수 있다는 신념을 가졌다. 그의 국가 이념으로 자리 잡은 삼균주의가 정치, 경제와 함께 교육의 균등을 기본으로 한다는 점에서 교육의 중요성에 대한 그의 신념을 확인할 수 있다. 그는 교육을 모든 국가 생활의 기초가 되는 것으로 확신하였다. 이 점을 그는 다음과 같이 설명한다.

국민들의 … 큰 의견은 그 국민성과 신앙과 철학으로 결정된다. 여기서 문화와 교육의 중요성이 생긴다. 국민성을 보존하는 것이나 수정하고 향상하는 것이 문화와 교육의 힘이요, 산업의 방향도 문화와 교육으로 결정됨이 큰 까닭이다. 교육이란 결코 생활의 기술을 가르치는 것만을 의미하는 것이 아니다. 교육의 기초가 되는 것은 우주와 인생과 정치에 대한 철학이다. 어떠한 철학의 기초 위에 어떠한 생활의 기술을 가르치는 것이 곧 국민교육이다.

(2) 대동주의적 민족국가

① 기본 입장

앞에서 본 바와 같이, 백범은 자주적 민족국가 수립을 당시 우리 민족의 지상과제로 인식하고, 그것을 실현시키기 위해 사력을 다했다. 그동안 민족국가의 독립이나 통일 또는 발전을 추구한 많은 민족국가나 민족주의자들은 자민족중심주의와 민족적 이기주의에 함몰되어 폐쇄적이게 되거나 다른 국가나 민족을 침략하고 억압하고 강탈하였다. 이와 같은 타락한 민족주의의 전형을 우리는 제국주의나 국수주의에서 찾을 수 있다. 그런데 백범의 민족주의는 그가 밝혔듯이 "자기 민족만 강화하여 다른 민족을 억압하는 주의가 아니고 우리 한국 민족도 독립 자유하여 다른 민족과 같은 완전한 행복을 향유하자는 것"이다. 그는 각 민족의 자주독립, 각국 인민의 자유, 민족 간의 호혜합작, 세계의 영구평화를 열망하였다. 이와 같은 백범의 민족국가사상은 어디에 뿌리를 두고 있는가. 여기서는 대동주의에 근거한 것으로 본다.

'대동大同'이란 만인이 평등하고 다툼이 없어 모든 사람이 편안하게 살 수 있는 세상을 의미한다. 대동세계는 "천하가 온 세상 사람들의 것으로 되어 있고, 사람들은 홀로 자기의 어버이만을 어버이로 여기지 않고, 홀로 자기의 자식만을 자식으로 여기지 않으며 재물과 힘을 자신의 이로움만을 위해 쓰지 않고"(『예기』, 「예운」편), 세상 사람의 행복과 이익을 위해 씀으로써 실현될 수 있다. 이처럼 대동주의는 유교의 인애사상, 평등주의, 세계일가世界一家주의 내지 사해동포주의에 근본을 둔다.

중국의 변법사상가이자 변법유신운동가인 캉유웨이(康有爲, 강유위)와 삼민주의三民主義를 제시한 쑨원이 대동주의를 주창한 바 있다. 그들의 대동주의는 개인·민족·국가 사이의 평등을 전제로 하고, 인간의 인애심을 가족에서 민족과 국가, 나아가 다른 민족과 국가에까지 확장시켜야 한다는 것이다. 우리나라의 경우, 『황성신문』은 1907년 4월 16일자 논설 「대동학설의 문답」에서 대동주의를 수용해야 한다고 주장했다. 이 신문은 '공자의 대동주의에 입각한 구세救世의 뜻을 후세의 유학자들, 특히 우리나라의 유학자들이 전혀 무시하고 수신修身에만 집착함으로써 국가 관념이나 세계주의는 없고 오직 가족 관념만 남게 되었다'고 비판하였다.

박은식도 대동주의를 제시한바, 그의 대동주의는 양지良知 구현을 통한 '천하위공天下爲公의 대동지치大同之治' 실현을 기본 구조로 한다. 즉 개인의 도덕적 자아인 양지를 사회에 실현함으로써 국가와 민족은 물론, 인류 전체를 아우를 수 있는 대동세계를 실현하고자 했다. 그는 '만물을 하나로 여기는 인(萬物一體之仁)'에 입각하여 '사해四海를 일가一家'로 보고 이기주의를 배격하여 타인에게 인애하고, 대공무사大公無私함으로써 대동세계를 구현할 수 있을 것으로 보았다.

안창호도 1920년대 후반에 대동주의와 맥락을 같이하는 대공주의大公主義를 주창했다. 그의 대공주의는 국내적으로는 정치·경제·교육의 평등을 실현하여 평등사회를 구현하고, 국제적으로는 민족과 국가 간의 평등에 기초한 평화적 세계질서 수립을 지향하였다. 안창호가 한국독립당 창당의 주도적 인물이고 그의 대공주의가 한독당의 강령에 채택된 점, 그의 대공주의가 조소앙을 통해 삼균주의로 발전되고 백범이 삼균주의에 매우 충실한 점, 상하이 임시정부 시절 내무총장인 도산이 백범을 경무국장에 임명하여 함께 활동한 점들로 미루어 볼 때, 안창호의 대공주의가 백범에게 수용되었을 것으로 보인다.

　백범은 한국독립운동의 근본적인 의미를 '신한국을 건립하여 대동세계를 함께 만드는 데'에 두었다. 또 그는 한국독립당의 정강이 "민족과 민족국가와 국가의 평등을 실현하며, 나아가 전 인류 공존공영의 극락세계를 완성하는 것"이고, "이는 … 손중산孫中山(중산은 쑨원의 호) 선생이 주장하는 대동세계의 완성과 완전히 일치한다."["한·중 합작에 관한 나의 견해," 『언론집』(상), 102쪽.]라고 밝힌 바 있다. 여기서는 만국평등주의와 세계일가주의를 중심으로 하여 백범의 대동주의를 확인해 본다.

　그는 1940년 8월에 발표한 「한국독립당의 건립과 광복운동의 장래」를 통해 만국평등주의와 세계일가주의를 이렇게 밝힌 바 있다. "한국독립당의 목적은 … 신민주국가를 건설하여 내부적으로 개개 국민 생활의 균등화를 실현하고, 외부적으로는 민족과 민족, 국가와 국가의 평등을 실현하며 나아가 세계가 한집안이 되는 노선을 향하여 나가는 것이다."[『언론집』(상), 97-98쪽.] 이뿐만 아니라 백범은 「나의 소원」에서도 세계일가주의를 다음과 같이 피력하였다. "세계 인류가 네요 내요 없이 한집이 되어 사는 것은 좋은 일이요, 인류의 최고요 최후의 희망이요 이상이다. … 사해동포의 크고 아름다운 목표를 향하여 인류가 향상하고 전진하는 노력을 하는 것은 좋은 일이요 마땅히 할 일이다."

그는 1945년 12월에 발표한 「삼천만 동포에게 고함」에서도 자신의 여생을 '오직 조국의 통일과 완전한 독립, 그리고 전 세계 인류의 평화 달성을 위해 바칠 결심'임을 밝히고, 세계평화를 실현하기 위한 방책을 다음과 같이 제시하였다.

세계의 평화를 유지하고 인류의 행복을 증진하려면 단결한 세계의 대가정을 조속히 만들어야 합니다. 이 목적을 달성하는 유일한 방도는 민족과 민족, 국가와 국가 간에 평등을 확보하는 것입니다. 피차간에 주관적 우월감으로 다른 민족이나 다른 국가를 멸시하거나, 자신의 이익을 위하여 상대방의 이익을 무시하면 안 됩니다. _ 『어록』, 62쪽.

② 목표

위에서 본 바와 같이, 만국평등주의와 세계일가주의를 기본 입장으로 하는 백범의 대동주의적 민족국가는 무엇을 지향하는가. 그는 두 가지를 제시한다. 그 첫 번째는 자주독립의 민족국가를 수립하는 것이고, 다음은 만국공생공영과 세계평화를 추구하는 것이다.

먼저, 대동주의적 민족국가는 만국평등주의에 기초하여 자주적 민족국가를 건설하고자 한다.

백범은 무엇보다도 자주적 민족국가 수립을 누누이 강조하였다. 그것이 당면한 일차적 과제였다. 그에게 "가장 좋은 것은 완전하게 자주독립한 나라의 국민으로 살아 보다가 죽는 것"이었다. 이와 관련해 그는 『일지』에서 다음과 같이 언급하였다.

사해동포의 크고 아름다운 목표를 향해 인류가 향상하고 전진하는 노력을 하는 것은 좋은 일이요, 마땅히 할 일이다. 현실의 진리는 민족마다 최선의 국가를 수립하여 최선의 문화를 낳아 길러서 다른 민족과 서로 바꾸고 서로 돕는 일이다. …

그러므로 우리 민족이 해야 할 최고의 임무는 첫째로 남의 통제를 받지 않고 남에게 의뢰도 하지 않는 완전한 자주독립국가를 수립하는 일이다.

이처럼 백범이 인식한 민족의 일차적 과제는, 개인적 평등주의에 기초하여 모든 국민이 자유롭고 평등한 민족국가를 수립하는 것이다. 또한, 이러한 민족과 국가적 평등주의를 바탕으로 자주독립의 민족국가를 수립하는 것이다.

둘째, 대동주의적 민족국가는 만국공생공영과 세계평화를 추구한다.

백범에게 있어 개별 민족들은 자주적 민족국가를 수립하는 것으로 과제를 끝내서는 안 된다. "완전 자주독립의 나라를 세운 다음으로는 이 지구상의 모든 인류가 진정한 평화와 행복을 누릴 수 있는 대동세계를 추구해야 하는 것"이다. 그는 만국공생공영과 세계평화에 대한 지향을 아래에서 보는 바와 같이 우리 민족의 역사적 전통에서 찾는다.

우리 민족이 예로부터 오늘에 이르기까지 아예 남의 나라 침해하기를 원치 않았으며, 또 남에게 침해받기도 원치 않았다. 오직 신의와 화목을 닦아 세계와 더불어 공존동생共存同生하는 것만이 곧 우리 민족이 굳게 지켜 변치 않는 전통적 국제도의로 삼아 왔다. _"한국독립선언 24주년 기념사 ─3·1 혁명정신에 대하여," 『언론집』(상), 140-141쪽.

진정한 세계의 평화가 우리나라에서, 우리나라로 말미암아서 세계에 실현되기를 원한다. 홍익인간이라는 우리 국조 단군의 이상이 이것이라고 믿는다.

백범은 언제나 자주적 민족국가 수립과 만국공생공영과 세계평화를 병렬적으로 강조했다. 그의 민족국가는 '민족과 민족, 국가와 국가의 평등을 실현하며, 나아가 전 인류 공존공영의 극락세계를 완성하고자 하는 것'이다. 이처럼 민족의 자주독립과 국가·민족의 자유·평등에 대한 그의 강조는 그것이 실현되는 순간에 그치는 것이 아니라 세계 인류의 행복과 세계의 안녕 구현으로까지 나아가는 방향성을 갖는 것이다.

이상에서 본 바와 같이, 백범은 만국평등주의와 세계일가주의를 기본 이념으로 하여 공생공영하면서 세계평화를 추구하는 대동주의적 민족국가를 추구하였다. 그의 신념은 평등하고 자유로운 개개인이 인애심을 발현하여 대동세계를 구현해야 한다는 것이다. 다시 말해, 평등하고 자유로운 국가민족은 세계일가주의를 기반으로 하여 공존공영하면서 세계평화를 지향해야 하는 것이다. 이러한 그의 사상 전개 구조는 자주 회자되는 '수신제가치국평천하修身齊家治國平天下'(마음이 바르게 된 뒤에 몸이 닦아지고, 몸이 닦아진 뒤에 집안이 가지런해지고, 집안이 가지런해진 뒤에 나라가 다스려지고, 나라가 다스려진 뒤에 천하가 평平해진다)와 유사하다.

2) 신민주(주의)국가사상

'신민주국가'라는 용어는 1930년 1월에 창당한 한국독립당의 당의黨義(정당의 강령)에 이미 나타나고 있다. 그 당의에서 한독당은 "국토와 주권을 완전히 광복하고 정치·경제·교육의 균등을 기초로 한 신민주국을 건설하여서"라고 함으로써 광복 후 건설해야 할 국가로 신민주국가를 제시하였다. 1940년 4월에 한국국민당, 한국독립당, 조선혁명당을 통폐합하여 조직한 한국독립당(집행위원장 김구)도 '신민주국가' 수립을 정강으로 정했다. 백범 역시 우리나라가 주권을 회복한 후에 수립해야 할 국가로 신민주국가를 제시하였다. 그는 1940년 8월 25일 「한국독립당의 건립과 광복운동의 장래」라는 글에서 이렇게 밝혔다.

한마디로 말하면 현 단계 한국 민중의 최대 목적은 일제의 침략
세력을 몰아내고 조국의 광복을 완성하는 것이다. 장래의 유일
한 목표는 하나의 전 민족이 평등한 신민주국가를 건립하는 것
이다.

1940년 9월 17일 백범은 '임시정부 주석 겸 광복군 창설위
원회 위원장'으로서 광복군 창설식을 주관하고 광복군의 임무
를 이렇게 천명하였다. "정치·경제·교육 등이 균등한 신민주
국가를 건설하기 위한 무력적 기간其幹을 이룬다."

그는 1941년 2월 '대한민국임시정부 주석 겸 한국독립당중
앙집행위원장 김구' 이름으로 낸 「국내외 동지동포에게 고함」
에서도 신민주국가 건설을 다음과 같이 제시했다.

원수 일본의 모든 침탈세력을 박멸하여 국토와 주권을 완전 광
복하고 정치·경제·교육의 균등을 기초로 하는 신민주국가를
건설하여 국내로는 국민 각개의 균등 생활을 확보하며 국외로

는 민족과 민족, 국가와 국가의 평등을 실현하고 나아가 세계일가의 진로로 향함.

또한, 1945년 12월에 발표한 「삼천만 동포에게 고함」을 통해서도 "정치·경제·교육의 균등에 기초하는 새로운 민주국가를 건설합시다."라고 호소하였다. 이처럼 백범이 추구한 국가는 삼균주의를 이념으로 하는 신민주국가였다.

백범이 주창한 신민주국가는 소련식 민주주의와 미국식 민주주의의 장단점을 취사선택하여 종합하는 민주주의국가이다. 그는 소련식 민주주의와 미국식 민주주의를 구민주주의로 규정하고, 그것들의 문제점을 다음과 같이 지적했다.

소련식 민주주의가 아무리 좋다 해도 공산 독재 정권을 세우는 것은 싫다. … 미국식 민주주의가 아무리 좋다 해도 독점자본주의의 발호로 인하여 무산자를 괴롭힐 뿐 아니라 낙후한 국가를 상품시장화하는 데는 찬성할 수 없다. _「연두 소감 ─단결년으로 새해를 맞이하자」(1949. 1. 1.), 『어록』, 324-325쪽.

그는 '소련식 민주주의를 무산자독재를 표방하는 사회주의 데모크라시로, 미국식 민주주의를 민중을 우롱하는 자본주의 데모크라시'로 파악했다. 그러면 백범이 수립하고자 한 신민주(주의)국가는 구체적으로 어떤 국가인가? 여기서는 신민주국가의 정치 이념과 정치체제를 중심으로 하여 밝혀 보기로 한다.

(1) 정치 이념: 자유·평등

흔히 민주주의의 기본 이념으로 인간존엄성의 실현, 자유 및 평등의 구현이 제시된다. 또 사회정의나 복지 등을 보태기도 한다. 이것들은 민주주의의 내용과 관련된다. 백범은 다음에서 보는 바와 같이, 신민주국가의 정치 이념으로 인권의 자유와 평등을 제시하였다.

사상의 자유를 확보하는 정치적 양식의 건립도 필요하고, 교육의 완비도 필요하고, 경제적 조건도 불가피하지만 무엇보다 근본 문제가 되는 것은 진실로 인권의 평등과 자유를 보장할 수 있는 나라가 되어야 하겠다는 것이다.

_「삼천만 동포에게 읍고함」(1948. 2.), 『어록』, 367쪽.

앞에서 본 바와 같이, 백범은 소련식의 민주주의와 미국식의 민주주의를 구민주주의로 규정하고, 신민주국가가 구민주주의를 근본으로 하지 않음을 분명히 했다. 소련식의 민주주의는 자유를 억압하고, 미국식의 민주주의는 평등 실현을 방해하는 것으로 본 것이다. 이처럼 백범은 자유와 평등의 실현을 신민주국가의 정치 이념으로 설정하였다. 삼균주의를 국가 이념으로 하는 그의 신민주국가는 자유와 평등을 지향한다. 자유와 평등에 관한 그의 인식 내용을 살펴본다.

① 자유

"나의 정치 이념을 한마디로 표시하면 자유이다. 우리가 세우는 나라는 자유의 나라라야 한다."라고 할 만큼 자유에 대한 백범의 지향은 대단했다. 그는 자신이 원하는 자유에 대해, 「삼천만 동포에게 고함」에서 이렇게 밝혔다. "제멋대로 사는 것이 아니라, 어느 개인의 독재도 없고, 어느 한 계급의 독재도 없이 국민이 정치권력의 노예가 되지 않고 만민이 정권을 향유할 수 있는 나라의 자유이다." 백범은 자유를 법이 허용하는 범위 안에서 특정인이나 특정집단의 강제나 구속 없이 생활하고, 나아가 정치에 참여할 수 있는 것으로 이해하였다. 또한, 백범은 자유의 사회적 책임을 강조하였다. 그는 자유의 범위를 공동체의 이익 실현에 기여하는 사회적 행위, 공익 실현을 방해하지 않는 행위로 제한하였다. 이 점을 그는 「나의 소원」에서 다음과 같이 설명하고 있다.

우리는 개인의 자유를 극도로 주장하되, 그것은 저 짐승들과 같이 저마다 제 배를 채우기에 쓰는 자유가 아니요, 제 가족을, 제 이웃을, 제 국민을 잘 살게 하기에 쓰이는 자유다. 공원의 꽃을 꺾는 자유가 아니라 공원의 꽃을 심는 자유다.

백범은 자유 중에서도 사상의 자유와 언론의 자유를 중시한다. 그는 "언론의 자유가 있는 나라에만 진보가 있고, 국민의 사상을 속박하는 것은 옳지 못한 일"이라는 신념을 갖고 있었다. 그러한 점에서 사상의 자유가 갖는 중요성을 다음과 같이 역설하였다.

산에는 한 가지 나무만 나지 아니하고 들에는 한 가지 꽃만 피지 않는다. 여러 가지 나무가 어울려서 위대한 산림의 아름다움을 이루고, 백 가지 꽃이 섞여 피어서 봄날 들녘의 풍성한 경치를 이루는 것이다. 우리가 세우는 나라에는 유교도 성하고 불교도 예수교도 자유롭게 발달하고, 또 철학을 보더라도 인류의 위대한 사상이 다 들어와서 꽃이 피고 열매를 맺게 할 것이니, 이래야만 비로소 자유의 나라라고 할 것이요, 이러한 자유의 나라에서만 인류의 가장 크고 가장 높은 문화가 발생할 것이다.

또 백범은 언론·출판·집회·결사의 자유 확보가 민주주의의 기본 원칙이고, 특히 언론 비판의 자유가 민주국가 발전을 위한 필수 조건임을 지적하였다. 이뿐만 아니라 신민주국가가 보장해야 할 기본적인 자유로 다음과 같은 4가지를 적시했다. "새로운 국가에도 언론의 자유, 신앙의 자유, 굶지 않을 자유, 공포를 받지 않을 자유를 누릴 수 있는 민주주의가 실현되기를 갈망하고 있다."[「UN의 대한민국 정부 승인과 3영수 합작에 대한 논평」(1948. 12. 17.), 『어록』, 317쪽.] 이것은 1941년에 미국 루스벨트 대통령이 세계의 모든 국가가 지켜야 할 4가지의 자유로 제시한 언론·표현의 자유, 신교의 자유, 결핍으로부터의 자유, 공포로부터의 자유와 일치하는 것이다. 백범은 민주주의와 공산주의의 차이점을 인간의 자유성을 중시하느냐 그렇지 아니하냐에서 찾고, 민주주의는 반드시 인간의 자유성을 보장해야 한다는 점을 다음과 같이 주장하였다.

민주주의란 말은 자유주의와 통할 수는 있으나, 공산주의와는 판이한 것이다. 공산주의를 믿는 사람은 인간의 자유성을 부인하려는 특성이 있다. 그러나 인간의 자유성을 강조하는 민주주의자는 이러한 자유성의 확보를 절대적 조건으로 한다.

_「평화통일의 길」(유고), 『어록』, 394쪽.

② 평등

평등이라는 개념은 고대 그리스에 그 뿌리를 둔다. 고대민주주의에서 평등은 자유민으로서의 시민이면 누구나 정치에 참여할 수 있는 것을 가리킨다. 근대민주주의에서 평등은 모든 사람이 하나의 인격체로서 차별 없는 대우를 받는 것이고, 그것은 법적·정치적 평등을 통해 실현될 수 있는 것으로 여겨졌다. 그런데 근대국가에서 경제적 불평등이 심해지자 사람들은 차별을 받을 수밖에 없게 되었다. 자연적으로 하나의 인격체로서 차별 없는 대우를 받기 위한 경제적 평등이 필요 조건이 되었고, 그 결과 현대민주주의에서는 경제적 평등이 강조되었다. 고대국가에서 근대국가로 그리고 현대국가로 오면서 평등 개념도 정치적 측면에서 정치적·법적 측면으로 그리고 정치적·법적·경제적 측면으로 그 영역을 확장해 왔다. 그러면 신민주국가의 평등 개념은 어떠한가?

백범이 추구한 신민주국가는 삼균주의를 국가 이념으로 한다. 1920년대 후반에 조소앙이 창안한 삼균주의는(도산 안창호가 주창하고 조소앙이 발전시켰다는 견해도 있다) 개인 간·민족 간·국가 간 평등과 정치적 균등, 경제적 균등, 교육적 균등을 핵심 내용으로 하고, 정치적 민주주의와 사회주의 및 민족주의를 종합한 것이다. 삼균주의는 1931년 4월에 발표된 「대한민국임시정부 대외선언」을 통해 임시정부의 국가 이념으로 천명되었다. 삼균주의를 국가 이념으로 삼는 신민주국가는 개인 간·민족 간·국가 간의 평등과 정치적·경제적·교육적 평등을 강조한다. 그는 광복 후 수립할 신민주국가의 목표를 '평등사회의 구현'으로 제시하고, 기회가 있을 때마다 그 점을 강

조하였다. 백범의 평등 개념을 우리는 다음 글을 통해 이해할
수 있다.

정치·경제·교육의 균등을 실현하는 기초 위에서 신민주국가를
건설하여, 내부적으로 개개 국민 생활의 균등화를 실현하고, 외
부적으로는 민족과 민족, 국가와 국가의 평등을 실현하며, 나아
가 세계가 한집안이 되는 노선을 향하여 나가는 것이다. _「한국
독립당의 건립과 광복운동의 장래」(1940. 8. 25.), 『언론집』(상), 97-98쪽.

또 그는 귀국 얼마 후 발표한 「삼천만 동포에게 고함 ─독
립 자주 통일의 조국을 건설합시다」(1945. 12. 30.)에서, 정치·
경제·교육적 평등 실현을 위한 기본적인 방책을 다음과 같이
제시하였다.

정치·경제·교육적 균등을 기초로 하는 새로운 민주국가를 건
설합시다. 국민 전체의 균등한 생활을 확보하지 못하면 새로운
민주국가를 건설할 수 없습니다. 그러므로 우리는 가장 진보된
민주주의를 실현하기 위하여 정치·경제·교육의 균등을 주장합

시다. 정치의 균등을 확보하기 위하여 전 국민이 참여하는 보통
선거를 실시하지 않으면 안 됩니다. 특정 일부분, 특히 계급 독
재를 반대합니다. 경제적 균등을 확보하기 위하여 토지와 대생
산기관을 국가 소유로 해야 합니다. 그러나 정권이 우리 정부로
옮겨 오는 때에 일체의 적산敵産과 매국노의 토지를 제외하고
실정을 참작하여 점진적으로 실행하는 것이 타당하다고 생각합
니다. 교육의 균등을 실시하기 위하여 조속히 의무교육을 국비
로써 실시하지 않으면 안 된다고 생각합니다. _『어록』, 61~62쪽.

(2) 정치체제: 민주주의체제

백범이 제시한 신민주(주의)국가의 이상적인 정치체제는 민
주주의체제이고, 그것은 반독재체제이다. 그는 독재체제를 국
가의 법이 특정인이나 특정계급에 의해 결정되는 정치체제로
이해했다.

특히 백범은 어떤 주의, 즉 철학을 기초로 하는 계급독재를
독재체제 중에서도 가장 무서운 체제로 보았다. 이 점을 그는
「나의 소원」에서 다음과 같이 설명한다.

나는 우리나라가 독재의 나라가 되기를 원치 아니한다. 독재의 나라에서는 정권에 참여하는 계급 하나를 제외하고는 다른 국민은 노예가 되고 마는 것이다. 독재 중에서 가장 무서운 독재는 어떤 주의, 즉 철학을 기초로 하는 계급 독재다. 군주나 기타 개인 독재자의 독재는 그 개인만 제거되면 그만이거니와, 다수의 개인으로 조직된 한 계급이 독재의 주체일 때에는 이것을 제거하기는 심히 어려운 것이니, ….

백범은 조선조의 양반정치를 주자학을 기초로 한 계급독재 체제로 규정했다. 그 체제는 정치에서만 독재가 아니라 사상·학문·사회생활·가정생활·개인생활까지 규정하는 독재체제로서 그것이 우리 민족의 문화를 소멸시키고 원기를 마멸시켰다고 비판하였다.

백범은 민주주의를 국민의 의사를 알아보는 절차 또는 방식으로 이해하고, 언론의 자유와 투표의 자유, 다수결에 대한 복종 등을 민주주의의 핵심 요소로 이해하였다. 여기서 절차적 민주주의는 내용보다 형식에 초점을 맞춘 개념이다. 이탈리아의 정치이론가인 보비오N. Bobbio는 독재체제와 구별되는 정치체제로서의 민주주의란 '누가 종합적인 정책결정권을 행사하는가?' 하는 문제와 그것이 '어떤 절차에 의거하여 이루어지는가?' 하는 문제에 관련된다고 본다. 그러한 입장에서 보비오는 민주정치체제의 요건으로 국민들에게 직접이든 간접이든 전체적 결정에 참여할 수 있는 권리가 부여되어 있어야 하고, 여론 형성의 자유, 표현의 자유, 언론의 자유, 집회·결사의 자유 등 이른바 기본권이 보장되어 있어야 한다는 점을 제시하였다.

백범은 미국의 정치체제를 민주주의에 잘 부합하는 것으로 보고 미국의 민주주의체제를 높이 평가했다. 반면에 소련식 민주주의체제인 공산주의체제를 당시로서는 체제 중에서도 가장 극단적인 독재체제로 규정하였다. 그럼에도 불구하고 백범은 미국 정치체제를 그대로 이식할 것을 주장하지는 않았다. 그는 미국의 민주주의 정치제도도 완성된 최후적인 것이 아니며, 다만 소련의 독재적 민주주의에 비하여 언론에서 자유적인 미국의 민주주의정치체제가 나은 것으로 판단하였다. 그리하여 백범은 우리나라가 수립해야 할 신민주국가의 민주주의정치체제는 "남의 나라의 좋은 것을 취하고, 내 나라의 좋은 것을 골라서 우리나라에 독특한 좋은 제도를 만드는 것"이 되어야 한다고 주장하였다.

그가 민주주의정치체제를 이상적인 정치체제로 본 것은 민주정치가 인민주권의 원리에 기초하여 국민에 의한 정치를 한다는 이유 때문이다. 이 점은 『삼천리』 주간인 김동환과의 대담(1948. 9. 1.) 내용을 통해 확인될 수 있다.

> 만인이 다 살려면 민주정치의 길로 나가야지요. 대통령은 민의
> 를 가장 존중하는 정치를 해야 하므로 대통령 정치가 낫지요.
>
> _『어록』, 288쪽.

민주정치가 제대로 작동되려면 국민들이 각자 자신의 의사를 형성하기 위한 사상의 자유가 확보되어야 하고, 그 의사를 자유롭게 나타낼 수 있는 언론의 자유가 보장되어야 한다. 위에서 본 바와 같이, 백범은 이 점을 분명히 인식하였다. 당연한 귀결로 그는 특정인이나 특정계급의 의사에 기초하여 사상과 언론의 자유 등이 보장되지 않는 독재정치체제를 반민주정치체제로 규정하고, 이를 비판하였다.

3) 문화국가사상

(1) 문화국가: 도덕국가·문명국가

문화국가에 관한 백범의 사상은 『일지』 속 「나의 소원」에 집중적으로 담겨 있고, 또 그의 많은 발표문에도 나타나 있다. 「나의 소원」에서 그는 "우리나라가 세계에서 가장 아름다운 나라가 되기를 원하고, 오직 한없이 가지고 싶은 것은 높은 문화의 힘이다."라고 함으로써 높은 문화를 갖는 국가를 이상국가로 제시하였다. 그가 문화국가를 그렇게 소원한 것은 "문화의 힘은 우리 자신을 행복하게 하고, 나아가 남에게 행복을 안겨 준다."라는 인식에 연유한다. 그가 지향한 문화는 인의仁義와 자비와 사랑을 속성으로 하는 문화이다.

일상적 낱말 사용에서 '문화'는 자연이나 야만과는 다른 것으로 문명, 교양을 포함하는 인간의 모든 생활 방식을 뜻한다. 또 어떤 경우에 '문화'는 특정한 인간의 생활 양식, 즉 인간 삶의 고유 양식을 일컫는다. 문화의 속성 내지 문화의 결정요소로는 '관념과 상징의 체계' 그리고 '윤리 도덕의 체계' 또 '문명'과 '합리성의 체계' 등을 들 수 있다. 문화는 본디 '문치교화文

治教化'(글로 다스려, 즉 가르쳐 백성을 변화시킴)의 줄임말이기도 하다. '도덕화'는 문화의 핵심이라고 할 수 있다.

문명은 사람이 무지몽매한 야만과 자연의 예속에서 벗어나 자연을 다스리는 지혜를 터득하고 인간답게 사는 이치를 깨우쳐 밝은 빛 속에 살고 있는 상태를 일컫는다. 인간답게 산다는 것은 도덕 원칙을 세우고 거기에 자기 행위를 맞추어 나가는 인격적 삶을 산다는 것이다.

백범은 문화의 본질적인 요소로 윤리 도덕 체계와 문명을 중시한 것으로 보인다. 그는 "인류사회에서 문명과 야만은 도의 관념 유무에 의하여 경계가 구분되는 것"[『한국독립과 동아평화』(1940. 3. 1.), 『언론집』(상), 90쪽.]으로 인식하였다. 또 그는 조국광복의 목적을 '조상들의 고유한 도덕문화를 부흥하는 것'에 두기도 했다. 이런 점에서 백범이 추구한 문화국가는 도덕국가 내지 문명국가이다.

(2) 문화국가의 역할

문화를 인간 삶의 고유 양식이라고 보면, 문화는 보편성과 고유성을 갖는다. 그것은 인간의 삶의 양태가 시간과 공간을 뛰어넘는 일반적인 요소를 가지는 것과 동시에 상이한 구체적 현실 속에서 잉태되는 특수한 모습도 담기 때문이다. 민족문화는 인간의 보편적인 가치지향이 특수한 민족적 삶의 양태로 표현된 것이기도 하다.

백범은 민족문화의 고유성을 중시하고 우리 민족문화의 가치를 매우 높게 평가하였다. 그는 우리 민족문화의 속성을 "홍익인간이라는 우리 국조 단군의 이상"에 뿌리를 두는 인후지덕仁厚之德의 문화로 파악했다. 다음에서 보는 바와 같이, 우리 민족문화에 대한 그의 자긍심은 지극하였다.

옛날 한토漢土의 기자가 우리나라를 사모해 왔고, 공자께서도 우리 민족이 사는 데 오고 싶다고 하셨으며, 우리 민족은 인仁을 좋아하는 민족이라 했으니 옛날에도 그러하였거니와, 앞으로는 세계 인류가 모두 우리 민족의 문화를 이렇게 사모하도록 하지 아니하려는가?

백범은 문화국가가 추구해야 할 것들을 다음과 같이 제시하였다.

첫째, 문화국가는 하나의 문화공동체로서 무엇보다도 고유한 민족문화를 보존하고 발전적으로 계승해야 한다.

여기서 백범은 민족독립국가가 갖는 목적 중 하나로 민족의 고유문화 발전을 제시하였다. 그는 「한국독립과 동아평화」(1940. 3. 1.)에서 이렇게 밝혔다.

> 만약 어느 사람이 '왜 조국을 광복하려 하는가?'라고 묻는다면, … '4천 년 역사의 영광스러운 전통과 조상들의 고유한 도덕문화를 부흥하기 위해서'라고 통쾌하게 대답할 것이다.
>
> _『언론집』(상), 85쪽.

둘째, 문화국가는 먼저 인의와 자비와 사랑이 충만한 문화를 꽃피우고, 나아가 지구상의 모든 인류가 진정으로 평화와 행복을 누릴 수 있도록 해야 한다.

백범이 추구한 문화국가는 '결코 세계를 무력으로 정복하거나 경제력으로 지배하려는 국가가 아니라 오직 사랑의 문화, 평화의 문화로 우리 스스로가 잘 살고, 인류 전체가 즐겁고 의좋게 살도록 하는' 국가이다. 이기적인 개인주의가 사라지고 우리 조상네가 좋아하던 인후지덕仁厚之德이 충만한 국가가 되어야 하는 것이다. 다음은 「나의 소원」에 담긴 백범의 염원이다.

인류가 현재에 불행한 근본 이유는 인의仁義가 부족하고 자비가 부족하고 사랑이 부족하기 때문이다. 이 마음만 발달되면 현재의 물질력으로 20억이 모두 편안히 살아갈 수 있을 것이다. 인류의 이 정신을 배양하는 것은 오직 문화이다.

나는 우리나라가 남의 것을 모방하는 나라가 되지 말고, 이러한 높고 새로운 문화의 근원이 되고 목표가 되고 모범이 되기를 원한다. 그래서 진정한 세계의 평화가 우리나라에서, 우리나라로 말미암아서 세계에 실현되기를 원한다. 홍익인간이라는 우리 국조 단군의 이상이 이것이라고 믿는다.

4) 요약 및 평가

여기서는 지금까지 살펴본 내용을 요약·정리하고, 오늘의 우리들에게 주는 함의를 중심으로 하여 백범의 국가사상을 평가해 본다.

(1) 백범은 자주적인 민족국가를 추구하였다

그는 먼저, 원초론적 입장에서 민족의 정체성을 찾는다. 그것은 오랫동안 혈연과 역사, 문화, 언어, 전통을 같이해 온 우리나라의 민족적 특수성에서 연유한, 자연스러운 인식으로 볼 수 있다. 이러한 민족 개념을 바탕으로 하여 그는 자주적인 민족독립국가 수립을 추구하였다. 그가 지향한 자주적 민족국가는 민족주체성의 확립 위에서 여하한 외부 세력의 구속도 받지 않고 스스로 주권을 행사하며 국민 전체가 자유롭고 행복하게 살아가는 통일된 민족국가이다.

우리 인간은 동일한 정신세계를 갖지 않고, 동일한 구체적 현실 속에서 삶을 영위하지 않음으로써 자연히 개인 간이나 집단 간에 구별 의식이 생겨난다. 이때 민족이라는 집단 간의 구별 의식이 민족의식이다. 개인적 차원에서 인간이 자아정체감을 갖기 마련이듯 민족적 차원에서는 민족의식이 자연적으로 형성된다. 자신의 민족의식을 갖는 민족은 자신의 독립적인 정치공동체를 세우고, 그것을 유지 발전시키고자 하는 민족의지를 갖고, 그 의지를 실천하고자 한다. 이런 점에서 백범의 민족국가사상은 지극히 자연스럽다. 특히 우리 민족은 아직도 대부분의 민족 구성원이 염원하는 민족통일국가를 수립해야 하는 과제를 안고 있다. 그뿐만 아니라 세계화라는 세계사적 흐름에서 우리 민족 내지 국가의 유지 발전을 위한 과제들도 만만하지 않다. 이러한 현실 속에서 살고 있는 우리들에게 백범의 자주적 민족국가사상은 하나의 귀감이 될 수 있다.

(2) 백범은 만국의 공생공영과 세계평화를 지향하는
　　대동주의적 민족국가를 추구하였다

그의 대동주의적 민족국가는 만국평등주의와 세계일가주의를 기본 입장으로 한다. 그래서 평등하고 자유로운 개별 민족국가들은 세계일가주의를 기반으로 하여 공생공영하고 세계평화를 지향해야 한다는 것이다. 이러한 그의 국가사상에서 우리는 폐쇄적이고 국수주의적이거나 자민족중심적이며 대외 침략주의적인 측면을 찾아낼 수 없다.

앞서 다루었듯 자기 민족국가의 독립이나 통일 또는 발전을 추구한 많은 민족국가나 민족주의자들이 자민족중심주의와 민족적 이기주의에 함몰되어 폐쇄적이게 되거나 다른 국가나 민족을 침략 및 억압하고 강탈하였다. 이렇게 타락한 민족국가인 제국주의국가나 국수주의국가를 백범에게서는 찾아볼 수 없고, 대동주의적 민족국가, 달리 말해 세계시민주의 cosmopolitanism적 민족국가만을 확인할 수 있다.

세계화는 지구촌화이다. 한 국가의 정치·경제·사회문제가 그 국가만의 문제로 그치지 않는다. 또 평화, 자원, 환경, 질병, 가난 등 많은 문제들이 지구촌 국가들의 공통 문제로 자리 잡았다. 2020년 초부터 확산된 코로나바이러스감염증-19 (COVID-19) 사태는 이 점을 단적으로 확인시켜 주고 있다. 이와 같은 현상은 이제는 민족(국민)국가 차원의 시민에만 매몰되지 않고 세계시민의식을 갖는 시민, 자민족중심주의적 민족국가가 아닌 대동주의적 민족 국가를 요청한다. 이러한 요청에 잘 부합될 수 있는 시민과 국가의 모습을 우리는 백범의 대동주의적 민족국가에서 찾을 수 있다.

(3) 백범은 자유와 평등을 정치 이념으로 하고,
     민주주의정치체제를 채택하는 신민주국가를 추구하였다

그가 지향한 신민주국가는 자유국가, 민주국가, 평등국가의 성격을 동시에 갖는 국가이다. 평등이 실현되지 않는 자유와 복지 구현은 현실성을 갖기 어렵다는 점, 자유와 평등은 인간 존엄성을 실현하기 위한 필수불가결의 요건이라는 점, 인간 존엄성과 자유와 평등의 실현이 민주주의의 궁극적인 목표라는 점, 민주주의의 기본 이념을 일구어 내기 위해서는 민주주의정치체제가 무엇보다도 유용하다는 점 들에서 볼 때, 그의 신민주(주의)국가사상은 시간과 공간을 넘어 가치를 갖는 것으로 평가될 수 있다.

(4) 백범이 추구한 문화국가는
인의와 자비와 사랑이 충만한 문명국가·도덕국가이다

그의 문화국가는 고유한 민족문화를 보존하고 발전적으로 계승하며, 나아가 세계평화와 전 인류의 행복 실현에 이바지하는 국가이다. 이와 같은 백범의 문화국가사상은 오늘날의 국내외적 현실과 관련하여 되짚어 볼 몇 가지 가치를 갖는다.

① 우리가 목도하고 있는 바와 같이, 개인적·집단적 이기주의가 팽배하고, 지역적·계층적·이념적·세대적 균열이 심하고, 부정의가 만연한 국가사회의 현실이 인의와 자비와 사랑이 충만한 도덕국가를 요청한다는 점이다.

② 최근의 활발한 지구적 문화 교류에 따른 문화적 상호 작용 또는 일방적 침식 현상과 관련하여 우리의 고유한 민족문화를 보존하고 발전시키며, 다른 민족문화와 공존하면서 함께 꽃을 피우는 데 관심을 둘 필요가 있다는 점이다.

③ 세계화의 물결 속에서 개인이나 국가 사이에 불평등이 심화되고, 국가적·민족적 이기주의가 만연하는 국제적 현실이 지구적인 인의와 자비와 사랑을 필요로 한다는 점이다.

2
민족주의사상

민족주의는 어떤 '네이션nation(민족, 국민, 국가)'이 자신의 통일·독립·번영을 추구하는 하나의 정신 상태나 이념 또는 운동을 가리키는 말이다. 이러한 민족주의는 오래전부터 있어 왔다. 다만, 시대와 공간, 추구하는 내용이나 추구 방법에 따라 그 모습을 달리하면서 존재해 오고 있다.

민족국가의 쇠퇴와 함께 민족주의도 쇠퇴해 갈 것이라던 홉스봄Eric J. Hobsbawm의 예측이 적실성에서 한계를 보이고 있는 것 같다. 최근에 일어나고 있는 지구상의 주요 사건들을 통해 우리는 '민족주의의 귀환' 그리고 '세계화의 물결'과 함께 출렁이는 '민족주의의 물결'을 목도하게 된다. 특히 2020년 초부터 전 세계적으로 유행하고 있는 코로나바이러스감염증-19 상황 속에서도 '민족주의의 물결'을 확인하게 된다.

우리나라의 경우에도 민족주의는 지난 한 세기 이상을 이끌어 온 정신적 지주이다. 민족주의는 한말에 봉건적 위기와 민족적 위기를 극복하기 위한 개화운동과 위정척사운동, 동학운동을 추동하였다. 일제 식민지 지배 시기에는 민족독립운동의 기반으로 작동하였다. 해방 직후의 미군정기에 전개된 자주적인 통일국가 수립운동과 1960년대 이후의 통일운동을 이끈 것도 민족주의이다. 최근의 세계화 속에서도 민족주의는 한국인의 사고와 행동 모두에서 중요하게 자리매김하고 있다.

세계화시대인 오늘날에도 미중 갈등을 비롯한 세계 각국 사이의 대립과 협력들이 상존하고, 그것은 민족주의의 산물이다. 다양한 수준과 차원에서 경쟁과 협력이 공존하는 세계화 시대에는 보다 적극적인 국가 전략과 사회통합을 위한 노력이 필요하다. 특히, 우리나라는 민족통일국가를 완성해야 하는 과제도 안고 있다. 이러한 점에서 볼 때, 민족주의를 세계화 및 한국민족주의와 연관시켜 살펴보는 것은 의미 있는 일이다.

백범은 한국민족운동의 상징이고, 민족의 독립과 통일과 발전을 위해 자신의 전 생애를 바쳤다. 따라서 그의 민족주의사상을 통해 세계화시대의 민족주의와 한국민족주의가 나아가야 할 길을 찾아보는 것은 가치 있는 작업이다. 여기서는 먼저, 백범의 민족주의사상이 갖는 주요 특성을 밝힌다. 다음으로는 그의 민족주의사상이 세계화시대에서 가질 수 있는 의의, 특히 세계화시대의 민족주의와 오늘날의 한국민족주의와 관련해 갖는 의의를 찾아보고자 한다.

주요 1차 자료는 앞서 "국가사상"을 살펴볼 때 활용한 문헌들과 같다. 최초의 출간본인 『일지』(국사원본)와 몇 종류의 주해본 그리고 논설, 평론, 선언서, 기념사, 담화문, 성명서 등으로 발표된 그의 글들을 1차 자료로 활용했다. 백범의 민족주의사상은 그의 국가사상에 내재하고 있다. 따라서 "국가사상"에서 인용된 내용이 여기서 중복적으로 활용되기도 한다. 별도의 표기가 없는 인용문들은 『일지』의 내용이고, 특히 「나의 소원」에 집중되어 있다.

1) 주요 특성

(1) 종족적 시민민족주의

① 종족적 민족주의

흔히 인류학에서 정의되는 종족집단ethnic groups은 '공동의 전통을 지닌 특징적인 문화집단'을 가리키는 말이다. 이러한 종족 개념에서는 '같은 조상'이라는 점이 중시된다. 일반적으로 종족은 '조상에 관한 신화와 역사 및 문화를 공유하고 영토와 연대감에 기초하여 결합한 사람들'을 뜻한다.

종족적 민족주의는 민족성을 종족성과 동일시하는 민족주의이다. 다시 말해 종족적 민족주의는 민족성을 공통의 혈통, 관습, 언어, 종교 등에서 찾는 민족주의이다. 특히 종족적 민주주의는 민족 구성원의 자격으로 공통의 조상을 중시하고, 민족의 영속성을 강조한다. 그래서 종족적 민족주의는 민족의 원초성과 영속성에 기초한다.

그렇다면 백범이 생각한 민족 개념은 어떠한 것인가? 제3장 1절에서 본 바와 같이, 그는 민족의 형성 기반을 무엇보다 혈연적 공동체에서 찾는다. 『일지』의 「나의 소원」과 1949년 『대조大潮』 3·4월 호에 게재한 「민족통일의 재구상」에서 그는 '피를 같이하는 민족', '혈통의 조국', '혈족의 동포', '조상을 같이하는 혈통', '영원한 혈통의 바다', '조상을 같이하는 혈통 속에 흐르는 피', '혈통적인 민족' 등을 강조하였다. 백범은 「나의 소원」에서 민족의 혈연성과 영속성을 다음과 같이 설명한다.

철학도 변하고 정치·경제의 학설도 일시적이지만, 민족의 혈통은 영구적이다. … 오늘날 소위 좌우익이란 것도 영원한 혈통의 바다에서 일어나는 일시적인 풍파에 불과하다는 것을 잊지 말아야 한다. 이처럼 모든 사상도 가고 신앙도 변한다. 그러나 혈통적인 민족만은 영원히 성쇠흥망의 공동 운명의 인연에 얽힌 한 몸으로 이 땅 위에 살아가는 것이다.

그는 민족의 구성 요소로 같은 역사와 문화, 같은 언어 등도 중시했다. 이런 점에서 볼 때, 민족(국가)의 독립과 통일과 번영을 지향하는 그의 민족주의사상은 혈통성을 특히 강조하는 종족적 민족주의로서의 성격을 갖는다.

② 시민민족주의

시민민족주의는 민족의 구성원들이 같은 국가 내에서 정치적 자유, 법적·정치적 평등의 권리인 시민권, 공통의 문화를 가짐으로써 같은 민족에 소속하고 있다고 느끼는 민족주의이다. 종족적 민족주의가 같은 종족공동체의 일원이라는 감정에 기초하는 반면, 시민민족주의는 법적·정치적으로 평등한 한 국가의 같은 시민이라는 의식에 기초한다. 이때의 시민은 당연히 평등하게 정치에 참여할 수 있는 권리를 갖는 사람이다. 민주주의는 인간존엄과 자유 및 평등 실현을 지향하고, 구성원들에게 정치에 참여할 수 있는 자유를 보장하는 정치 이념이기도 하고 정치체제이기도 하다.

이 점에서 시민민족주의는 근대적이고 민주주의적이다. 그래서 시민민족주의를 흔히 근대적 민족주의와 동일시한다.

근대적 민족주의는 두 가지 원리, 즉 인민주권의 원리와 공동체 성원 사이의 근본적인 평등의 원리를 기반으로 한다. 표현을 약간씩 달리하지만, 민족주의에 대한 많은 개념 규정과 민족주의의 기원에 관한 설명들이 근대적 민족주의가 취하는 이 두 가지 원리에 준거하여 이루어지고 있다.

우리는 앞서 살펴본 백범의 "신민주(주의)국가사상"에서 시민민족주의의 성격을 찾을 수 있다. 그는 우리나라가 주권을 회복한 후에 수립해야 할 국가로 신민주국가를 지향했다. 그는 1945년 12월에 발표한 「삼천만 동포에게 고함」에서 '정치·경제·교육의 평등을 기초로 한 새로운 민주국가 건설'을 호소하였다. 그는 신민주국가가 추구해야 할 가치 이념으로 인권의 자유와 평등을 다음과 같이 제시했다.

사상의 자유를 확보하는 정치적 양식의 건립도 필요하고, 교육의 완비도 필요하고, 경제적 조건도 불가피하지만 무엇보다 근본 문제가 되는 것은 진실로 인권의 평등 자유를 보장할 수 있는 나라가 되어야 한다.

_「삼천만 동포에게 읍고함」(1948. 2.), 『어록』, 367쪽.

다음으로 백범이 제시한 신민주국가의 이상적인 정치체제는 민주주의체제이고, 그것은 반독재체제이다. 그는 나라의 법이 특정인이나 특정계급에 의해 결정되는 정치체제를 독재체제로 이해하였다. 그가 민주주의정치체제를 이상적인 정치체제로 규정한 것은 인민주권의 원리에 기초한 국민에 의한 정치가 민주정치라는 인식에 기초한 것이다.

이처럼 백범이 수립하고자 한 신민주국가는 개인 간·민족 간·국가 간 평등과 정치적·경제적·교육적 균등을 기본 이념으로 하고, 인권의 자유와 평등을 가치지향으로 삼는 국가이다. 또 그것은 인민주권의 원리에 기초하는 민주주의정치체제이다. 이런 점에서 우리는 백범의 신민주국가사상에 내재한 민족주의사상에서 근대적이고 민주주의적인 시민민족주의의 성격을 찾을 수 있다.

③ 백범의 종족적 시민민족주의

종족적 민족주의와 시민민족주의를 어떻게 파악할 것인가에 대해서는 두 입장이 있다. 먼저, 근대적인 것에 가치를 부여하는 근대주의자들은 민족주의를 우호적으로 보지 않는다.

그나마 서유럽의 민족주의를 상대적이지만 긍정적인 것으로 여긴다. 반면, 동유럽이나 아시아, 아프리카의 민족주의는 부정적인 것으로 본다. 그래서 그들은 민족주의를 시민적 민족주의와 종족적 민족주의로 구분하여 설명한다. 전자는 민주주의와 결합하기 쉽고 후자는 종족적 요소에 의해 구성되므로 억압적이고 배타적이라는 것이다.

반면, 근대주의와 거리를 두는 스미스Anthony Smith는 민족공동체가 그 이전에 존재하였던 종족에 의거하는 경우가 대다수이고, '원형 민족'적 공동체와 감정이 근대적인 정치적 민족주의에 연결된다고 본다. 근대의 모든 '네이션nation'에는 종족의 문화적 논리와 시민의 정치적 논리가 모두 존재한다고 볼 수 있다는 것이다. 이처럼 근대국가는 종족적 민족주의의 측면과 시민적 민족주의의 측면을 함께 갖는다. 달리 말해 근대국가는 '문화공동체로서의 성격'과 '국민정치공동체로서의 성격'을 동시에 갖고 있는 것이다. 이 점은 최근 지구상의 국가 간 또는 국가 내 종족집단 간의 갈등 현상이나 미국의 포스트 9·11민족주의를 통해서도 확인될 수 있다.

이 글에서는 다음의 논거들을 바탕으로 하여 스미스의 입장이 보다 타당한 것으로 본다.

민족은 홉스봄의 말처럼 '상상의 공동체'일 수도 있고, 동시에 존재하는 실체일 수도 있다. 존재하는 실체의 단서로는 공통의 혈통·언어·종교·역사·전통 등이 있다. 이러한 단서들을 기반으로 하여 구성원 사이에 공속共屬 의식이 형성되고, 나아가 다른 집단과 구별하는 자기의식이 생겨나고 마침내 자기들만의 독립적인 통일국가를 수립하여 발전시키고자 하는 신념이 형성되면서 민족주의가 생겨난다고 볼 수 있다. 신념체계로서의 민족주의는 민족의 구체적인 어떤 현실적 필요나 가치 또는 욕망이 결합되면서 이념으로서의 또는 운동으로서의 민족주의로 나아간다.

현실적 필요나 가치 또는 욕망과 그것들의 구현 방법에 따라 역사 속의 민족주의는 선하고 아름답고 순수한 민족주의로 존재하기도 하고, 악하고 추하고 타락한 민족주의로 나타나기도 한다. 순수한 민족주의는 대내적으로는 자유와 평등 및 인간존엄성 실현을 추구하고, 대외적으로는 개별 민족국가의 자율과 평등과 공생공영 및 상호 조화 그리고 세계평화 등을 추구한다. 반면에 타락한 민족주의는 민족국가의 이름

아래에서 대내적으로는 개인의 자율성을 무시하고 억압과 불평등을 정당화하고, 대외적으로는 다른 나라에 대한 억압이나 침략과 착취, 자민족중심주의, 전쟁 등을 부추긴다.

그런데 순수한 민족주의와 타락한 민족주의는 민족주의가 종족성에 기반을 두느냐, 아니면 시민성에 기반을 두느냐에서 판가름 나는 것이 아니라 각기의 민족주의가 구체적 현실 속에서 어떤 역할을 갖고 어떤 기능을 수행하느냐에 따라 규명되어야 하는 것이다. 따라서 일률적으로 종족적 민족주의를 타락형으로, 시민민족주의를 순수형으로 재단하는 것은 한계를 갖는다.

앞에서 살펴본 바와 같이, 백범의 민족주의사상은 종족적 민족주의의 성격과 시민민족주의의 성격을 동시에 내포하고 있다. 그의 민족국가는 종족공동체임과 동시에 모두가 평등한 국민들의 안녕과 복지를 지향하는 국민국가이고 민주주의 국가이다. 또한, 그는 종족과 시민을 이분법적으로 양단하여 대치시키지 않고 융합적인 등치 관계로 파악한다. 다시 말해 그의 민족주의사상에는 종족성과 시민성이 함께 포함되어 있다. 그런 점에서 여기서는 그의 민족주의사상이 종족적 시민

민족주의의 성격을 갖는 것으로 본다. 이와 같은 평가는 종족
적 민족주의와 시민민족주의를 대척점에 놓고 종족적 민족주
의를 부정하고 폄하하는 견해와는 배치되는 것이다.

(2) 문화민족주의

① 문화민족주의는 어떤 것인가?

문화민족주의는 민족문화의 유지(계승)와 발전을 추구하는
민족주의의 한 양식이다. 문화민족주의는 한 민족이 자신의
문화적인 동질성을 보존·계승·창조하려는 결집된 의지 표현
에서 발생한다. 문화민족주의는 다음과 같은 속성을 갖는다.

가. 문화민족주의는 민족문화의 보존과 발전을 특히 강조
한다. 그리하여 독립적인 민족국가 수립의 당위성을 민족문
화의 유지와 계승 및 발전에 둔다.

나. 문화민족주의에서 문화민족주의는 정치적 민족주의보
다 근원적이다. 그러나 이 둘은 상호 유기적인 관계에서 융합
적이다. 문화민족주의는 민족문화의 유지와 발전을 일차적으
로 추구한다. 반면, 정치적 민족주의는 민족국가의 독립·통

일·발전에 일차적인 목표를 둔다.

일찍이 마이네케Friedrich Meinecke는 『세계시민주의와 민족국가』에서 '문화민족'과 '국가민족'을 구별하였다. 문화민족은 공동으로 체험한 그 어떤 문화유산 위에 근거하고, 국가민족은 특히 공동의 정치적 역사와 헌법이 발휘하는 통합적 힘에 근거한다는 것이다. 이것은 말하자면 문화민족주의와 정치적 민족주의를 구별한 것이다. 그러나 이러한 구별은 국가민족에 대해 문화민족이 먼저 존재한다는 점을 강조한 것이고, 그도 문화민족주의는 정치적 민족주의를 추구하기 마련이며 그리하여 그 둘을 상호 연속적이고 융합적일 수밖에 없는 것으로 본다. 다른 많은 민족주의 연구자들도 문화민족주의와 정치적 민족주의를 구별하면서도 거의 모든 민족주의가 이 두 가지 성격을 함께 갖는 것에 동의한다.

최초의 문화민족주의 이론가의 한 사람인 헤르더J. G. Herder도 국가를 휴머니티를 위한 도구로 인식한다. 여기서 휴머니티는 자유와 평등과 박애를 이념으로 하고, 민족적 개별성을 가지며, 민족은 도덕적 공동체를 의미한다. 이런 점에서 헤르더의 문화민족주의는 문화적 '민족'과 정치적 '국가' 개념을 포괄한다.

다. 문화민족주의는 민족문화의 고유성·개별성을 중시한다.

문화민족주의를 개념화한 헤르더는 문화민족주의가 갖는 일반적인 규범으로 휴머니티의 이념인 자유와 평등과 박애를 강조하였다. 여기서 자유 이념은 민족문화의 개별성에 그리고 평등 이념은 민족문화의 동등성에 그리고 박애 이념은 민족문화의 차이성에 관련된다. 그에 따르면 어떤 민족도 다른 민족보다 본질적으로 우월하지 않고, 개별 문화공동체의 가치는 그 나름대로의 독자적 가치에 따라 평가되어야 한다. 이러한 인식에서 그는 다양한 민족의 존재를 정원에 비유한다. 다양한 민족이, 마치 정원에서 여러 가지 종류의 꽃이 함께 어울려 공존하는 것처럼 되어야 한다는 것이다.

라. 문화민족주의는 근대지향적이다.

문화민족주의에 관한 지금까지의 많은 연구들은 문화민족주의의 성격을 근대 기획의 지도이론으로 규정한 헤르더의 견해를 좇는다. 그리하여 근대지향성 여하에 준거하여 문화민족주의 여부를 규정하였다. 이와 관련해 한국에서 문화민족주의가 언제 나타났는가에 대해서는 두 가지 견해가 있다. 하나는, 한말의 애국계몽운동과 1910년대 민족사학자들이 진행한 역사 연구에서 처음 나타났다고 보는 입장이다. 다른 하나는, 1920년대 초의 문화운동에서 찾을 수 있다는 입장이다. 그런데 이 두 견해 역시 문화민족주의를 근대지향성에서 찾는다는 점에서는 동일하다.

② 백범의 문화민족주의

이상과 같은 문화민족주의의 의미 규정과 성격에 준거하여 백범의 민족주의사상에서 문화민족주의적 성격을 찾아본다.

백범의 문화민족주의는 그의 문화국가사상을 관통하고 있다. 문화국가에 대한 그의 신념은 『일지』 「나의 소원」에 집중적으로 담겨 있고, 또 많은 발표문에도 나타나고 있다. 그는 무엇보다도 민족문화의 보존과 발전을 강조하였다. 민족독립국가 수립의 당위성을 민족문화의 유지·계승·발전에서 찾는 그는 조국광복의 목적을 '조상의 고유한 도덕문화를 부흥하는 것'에 두었다. 이 점은 앞 절에서 본 바 있는 아래의 인용문에 잘 나타나고 있다.

만약 어느 사람이 '왜 조국을 광복하려 하는가?'라고 묻는다면, 우리는 '자자손손이 자유롭게 행복하며 안락한 생활을 향유하게 하기 위한 내부적 질서의 안정이 필요하며, 4천 년 역사의 영광스러운 전통과 조상들의 고유한 도덕문화를 부흥하기 위해서'라고 통쾌하게 대답할 것이다.

_ "한국독립과 동아평화"(1940. 3. 1.), 『언론집』(상), 85쪽.

위의 내용을 통해 알 수 있듯이, 백범의 문화민족주의는 정치적 민족주의보다 근원적이다. 그럼에도 불구하고 그 둘은 상호 유기적인 관계에서 융합적이다. 그가 갈구한 자주독립의 민족통일국가와 신민주국가는 우리 민족의 고유한 민족문화를 유지하고 발전시키는 문화국가 건설의 필요조건인 것이다. 다음은 「나의 소원」 속 관련 내용이다.

그러므로 우리 민족의 최고의 임무는, 첫째로 남의 절제(간섭)도 아니 받고 남에게 의지도 하지 않는, 완전한 자주독립의 나라를 세우는 일이다. 이것이 없이는 우리 민족의 생활을 보장할 수 없을뿐더러, 우리 민족의 정신력을 자유로이 발휘하여 빛나는 문화를 세울 수 없기 때문이다.

나아가 백범은 우리 민족문화의 고유성을 강조하였다. 문화를 인간 삶의 고유 양식이라고 보면, 문화는 보편성과 함께 고유성을 갖는다. 문화에는 인간의 삶의 양태가 시간과 공간을 뛰어넘어 가지는 일반적인 요소와 함께 상이한 구체적 현실 속에서 잉태되는 특수한 모습도 담겨 있기 때문이다. 민족문화는 인간의 보편적인 가치지향이 특수한 민족적 삶의 양태로 표현된 것이다. 그는 우리 민족문화의 고유성을 중시하고 우리 민족문화의 가치를 높게 평가했다. 그는 우리 민족문화의 고유한 속성을 "홍익인간이라는 우리 국조 단군의 이상"에 뿌리를 두는 인후지덕의 문화로 파악하였다.

또, 우리는 백범의 신민주국가사상에서 문화민족주의가 규범적 차원에서 갖는 근대지향성을 확인할 수 있다. 앞에서 본 바와 같이, 그가 수립하고자 한 신민주국가는 '개인 간·민족 간·국가 간 평등과 정치적·경제적·교육적 균등'을 기본 이념으로 하고, 인권의 자유와 평등을 가치지향으로 삼는 국가이다. 또 그것은 인민주권의 원리에 기초하는 민주주의정치체제이다.

이상의 분석 내용을 바탕으로 하여 여기서는 백범의 민족주의사상이 문화민족주의적 성격을 갖는 것으로 본다.

(3) 세계시민주의적 민족주의

① 세계시민주의

고대 헬레니즘시대까지 그 기원이 거슬러 올라가는 세계시민 또는 세계시민주의는 아직까지 합의된 의미 규정을 갖지 못하고 있다. 기원전 4세기에 키니코스Cynicos 학파가 세계시민K(C)osmopolites이라는 개념을 처음 제시하고, 스토아 학파가 키니코스 학파의 세계시민주의를 수용하여 발전시켰다. 키케로Cicero, 세네카Seneca, 마르쿠스 아우렐리우스Marcus Aurelius 등으로 대표되는 스토아 학자들은 자신이 지역적 공동체의 일원으로만 규정되는 것을 거부하고 자신을 '세계의 일원'으로 규정하였다. 그들은 두 가지 공동체를 상정한바, 하나는 '출생으로 정해지는 지역공동체'이고, 다른 하나는 '인간적 논쟁과 동경의 공동체'이다. 세계시민들의 공동체인 후자는 스토아주의자들에게 가장 근원적인 도덕과 사회적 의무들의 원천이다. 그러나 동시에 전자인 지역공동체는 각각의 사람들이 자신의 정체성을 형성할 수 있는 최소한의 단위가 된다. 스토아주의자들은 자신의 지역적인 공동체에 대한 정체성을 포기하지 않으면서 동시에 세계시민이 될 수 있음을 강조하였다.

히터D. Heater는 20세기에 사용된 세계시민 개념을 네 가지로 구분한다. 첫째, 아주 막연한 수준에서 인류공동체의 일원으로 생각하는 세계시민이다. 둘째, 세계정부를 구성하기 위해 구체적인 실천을 하는 세계시민이다. 셋째, 개인이 속한 국가보다 높은 수준의 도덕법칙에 구속되어야 한다는 생각에 기초한 세계시민이다. 넷째, 세계정부 수립과는 상관없이 지구적 의식과 책임감을 지닌 존재로서의 세계시민 개념이다. 위의 두 번째 견해는 세계국가를 수립하려는 급진적 내지 극단적인 세계시민주의로서 많은 비판을 받고 있다.

애피아K. A. Appiah는 하나의 지구공동체를 추구하는 급진적 세계시민주의를 비판하면서 온건한 형태의 세계시민주의, 즉 '지역적 헌신을 요구하는 세계시민주의'를 주장한다. 그는 바람직한 세계시민주의는 지역적 충성과 인류에 대한 충성이 결합된 '지역적 헌신을 요구하는 세계시민주의'라고 주장한다. 그의 입장은 지역적 헌신과 지구공동체적 헌신을 동시에 인정한다는 점에서 온건한 세계시민주의 또는 다원적 세계시민주의라고 할 수 있다.

이처럼 일반적으로 논의되는 세계시민주의, 즉 온건한 세계시민주의는 자신의 민족국가에 대한 애착과 충성을 배제하는 것이 아니라 자신의 민족국가에 대한 애착과 충성에 매몰되어 세계의 보편적 가치에 대한 지향을 저버리지 않아야 한다는 것이다. 간단히 말해 세계시민주의를 추구하는 민족주의를 취해야 한다는 것이다.

② 백범의 세계시민주의적 민족주의

백범의 민족주의는 그의 국가사상을 관통하고 있다. 그의 대동주의적 민족국가사상에는 대동주의적 민족주의가 정초로서 작동한다. 또 아래에서 확인할 수 있듯이 대동주의와 세계시민주의는 개념상 상통한다. 이 두 용어는 서로 바꾸어 사용해도 무방할 것이다. 그리하여 여기서는 백범의 대동주의적 민족국가사상을 통해 그의 세계시민주의적 민족주의를 확인해 본다.

백범의 대동주의적 민족국가는 각 민족의 자주독립, 각국 인민의 자유와 평등, 각 민족 간의 평등과 상호 협력, 세계의 영구평화 등을 기본 이념으로 한다. 그는 개별 민족국가들이 "자주독립의 민족국가를 세운 뒤에는 이 지구상의 인류가 진정한 평화와 행복을 누릴 수 있는 대동세계를 추구해야 한다"라고 주장했다. 그는 이와 같은 국가의 모습을 우리나라의 민족적 전통에서 찾는다. 다음은 이와 관련된 백범의 인식 내용이다.

우리 민족이 예로부터 오늘에 이르기까지 아예 남의 나라를 침해하는 것도 원치 않았으며, 또 남에게 침해받기도 원치 않았다. 오직 신의와 화목을 닦아 세계와 더불어 공존동생共存同生하는 것만이 곧 우리 민족이 굳게 지켜 변치 않는 전통적 국제도의로 삼아왔다. _「한국독립 24주년 기념사 —3·1혁명정신에 대하여」(1943. 3. 1.), 『언론집』(상), 140-141쪽.

그는 자주적인 "민족국가들이 민족 간·국가 간 평등의 원칙에서 인류의 정의와 세계의 영구 평화를 위해 공동으로 노력해야 한다"라는 점을 강조하였다. 민족의 자주독립과 국가(민족)의 평등·자유에 대한 그의 강조는 그것이 실현되는 순간에 멈추는 것이 아니라 세계 인류의 행복과 세계의 안녕 구현으로까지 나아가는 방향성을 갖는다.

백범의 "국가사상"에서 확인한 바와 같이, 그의 대동주의적 민족국가사상은 대동주의를 기본 입장으로 한다. 『예기』「예운」편에 나오는 '대동'이란 말은 만인이 평등하고 다툼이 없어 모든 사람이 편안하게 살 수 있는 세상을 의미한다. 백범은 한국독립운동의 근본적인 의미를 새로운 대한민국을 건립하여 대동세계를 함께 만드는 데에 두었다. 여기서 대동세계는 민족과 민족, 국가와 국가의 평등이 실현되고, 나아가 전 인류가 공존공영하는 세계를 뜻한다.

백범의 대동주의적 민족국가는 개별 민족국가의 독립·통일·발전만을 추구하는 것이 아니라 민족과 민족, 국가와 국가의 평등을 실현하며, 나아가 세계가 한집안이 되는 노선을 향하여 나아가는 것이다. 이 점을 그는 다음과 같이 강조했다.

세계 인류가 네요 내요 없이 한집이 되어 사는 것은 좋은 일이 요, 인류의 최고요 최후의 희망이요 이상이다. … 사해동포의 크고 아름다운 목표를 향해 인류가 향상하고 전진하는 노력을 하는 것은 좋은 일이요, 마땅히 해야 할 일이다.

위의 논의 내용들과 앞서 살펴본 세계시민주의의 의미를 통해, 우리는 대동주의와 세계시민주의가 상통한다는 점을 알 수 있다. 그래서 백범의 대동주의적 민족국가사상을 관통하고 있는 그의 민족주의를 대동주의적 민족주의 또는 세계시민주의적 민족주의로 부를 수 있다. 이러한 그의 민족주의사 상에서 우리는 폐쇄적·배타적·국수주의적·자민족중심적· 대외 침략주의적인 측면을 찾아낼 수 없고, 세계시민주의적 민족주의만을 확인할 수 있다.

2) 세계화와 민족주의 그리고 백범의 민족주의사상

(1) 세계화와 민족주의의 만남

세계화는 지구가 하나의 촌락으로 되어 가는 것이다. 촌락을 보면, 집과 집의 경계인 담이 낮고 그나마도 허물어진 곳이 많다. 그래서 마음만 먹으면 언제든지 어렵지 않게 넘나들 수 있다. 또 촌락은 품앗이 형태 등으로 노동의 이동이 다반사로 이루어지고, 돈을 빌려주거나 빌리는 것이 용이하다. 정보의 이동이 빠르고 정보의 공유도 잘 이루어진다. 그뿐만 아니라 촌락에서는 필요한 생활 용구나 생산도구를 이웃 사이에 쉽게 빌려주고 또 빌린다. 한마디로 촌락은 하나의 생활 공동체이다. 이렇게 지구가 하나의 촌락처럼 되어가는 것이 세계화이다. 세계화는 국가 간의 인적·물적 자원 및 정보의 활발한 교류로 영토국가의 의미가 약화되고, 지구 전역이 하나의 생활권이 되어 가는 것을 가리키는 말이다.

지금 지구는 세계화시대에 있다. 요즈음 '세계화와 민족주의'에 대한 논의가 활발하다. 이 논의에는 크게 상반되는 두 입장이 있다. 하나는 세계화시대에는 민족국가와 민족주의가 쇠퇴할 것이며, 우리가 세계화라는 세계사적 흐름에 역행하는 민족주의로부터 벗어나야 한다는 것이다. 다른 하나는 세계화시대에도 민족국가와 민족주의의 역할이 지속되거나 오히려 확장될 것이며, 민족주의는 여전히 유효하다는 것이다.

전자는 다음과 같은 요인들에 기초하는 것으로 보인다. ① 세계화의 진전에 따라 국가의 주권이 국제적·초국가적 행위 주체에게로 분산된 결과, 정치나 사회에 대한 국가의 관리·통제 영역과 정도가 제한되고 있다. EU, NAFTA, WTO, OECD, UR, FTA 등에 관련되는 개별 국가는 이러한 국제기구들의 협정이나 규정 또는 국제협약의 제약 속에서 정책을 결정하게 됨으로써 자율성을 침식당한다. ② 세계화에 따른 활발한 국제 교류가 영토국가 개념과 고유한 민족정체성을 희석시킨다. 그 결과, 민족의식이 약화됨으로써 민족의식에 기반을 두는 민족주의는 쇠퇴할 것이다. ③ 민족주의는 근본적으로 폐쇄적이고 배타적이기 때문에 상호 의존이 확대되는 세계화에 역행한다.

반면에 후자는 다음과 같은 점들에 근거를 두는 것 같다. ① 국가 간의 경쟁이 심해지는 세계화라는 흐름 속에서 국제 경쟁력을 높이기 위해 국가는 사회간접자본을 축적하고 기술을 개발하고 인적 자원을 개발해야 한다. ② 경쟁을 증폭시키는 세계화는 국가 사이의 불평등과 국내의 개인 간·집단 간 불평등을 확대시킨다. 또 인간관계를 전투장화함으로써 사회

연대를 붕괴시키고 윤리성의 약화와 이기성을 증대시켜 사회 해체를 야기하기도 한다. 이러한 현상을 극복하고 사회통합을 일구어 내는 일이 아직은 국가의 몫이다. ③ 국가는 환경이나 노동, 여성, 낙태, 마약 문제와 같이 국제경쟁에서 소홀히 취급되기 쉬운 문제들을 해결해야 한다. ④ 국가 간에 발생하는 다양한 이해관계를 국가가 주도적으로 조정·통합해야 하고, 활발한 국제 교류와 자본의 국제적 이동에 따른 문제점들도 국가가 해결해야 한다. ⑤ 세계화시대에 규제력을 증대시키는 국제적 협약이나 규정 등을 자기 나라에 유리하게 제정해야 하고, 그것 또한 국가의 몫이다. ⑥ 이상과 같은 개별국가의 역할을 제대로 수행하기 위해 민족국가는 유지되고 발전되어야 하고, 그것을 위해서는 민족주의가 여전히 필요하다.

국제정치적 국제경제적 측면에서 볼 때, 이상의 두 입장은 세계화에 대한 두 가지 이론적 시각, 즉 자유주의와 현실주의에 연관되어 있다. 자유주의자들은 세계화가 국제정치의 외적인 요인, 즉 과학·기술·교통·통신 등이 급속도로 발달하면서 시장 기능이 전 세계적으로 확대되고 심화됨에 따라 일어난 것으로 파악한다. 그래서 그들은 세계화시대에는 주권국가가 약화될 수밖에 없다고 전망한다. 반면에 현실주의자들은 세계화가 주권국가 간의 경쟁 속에서 하나의 국가 발전 전략으로 나타났다고 본다. 그리하여 그들은 세계화 속에서 주권국가가 약화되거나 종말을 고하기보다 영향력을 확장했고 앞으로도 그럴 것으로 본다. 여기서 전자의 관점을 취하면 세계화시대에 민족주의는 쇠퇴할 수밖에 없고 또 걸림돌이 되게 된다. 후자의 관점을 취하면 자연적으로 세계화시대에도 민족주의는 여전히 유효하다는 입장으로 나아가게 된다.

그러면 세계화와 민족주의의 관계를 되짚어 보자. 대부분의 사회 현상과 마찬가지로 세계화도 복합적이다. 세계화는 교통과 정보·통신기술 등의 획기적인 발달과 같은 세계사적 변화라는 요인과 자국의 유지와 발전을 지향하는 민족주의 간의 합작품이라고 할 수 있다. 굳이 선후를 따진다면 세계화의 근본적인 발생요인에서 민족주의를 독립변수로, 그리고 교통·정보·통신기술의 획기적 발달을 종속변수로 보는 것이 타당할 것이다. 이와 관련하여 '세계화'라는 용어가 1960년대

다국적기업의 국제적 판매 전략을 기술하면서 사용되기 시작하였다는 점은 시사하는 바가 크다. 세계화는 민족주의가 종언을 고할 것이라는 많은 예측을 낳았지만 오히려 '민족주의 시대의 부활' 내지 '민족주의의 귀환'을 촉발시키고 있다. '유럽통합' 속에서도 유럽 각국의 민족주의는 존속되고 있다. 태생적으로 유럽통합은 공동체라는 다자적 정책망을 통해 힘을 모아 각기의 국가이익을 증진하고자 하는 것이다. 그뿐만 아니라 여러 유형의 국제적 지역적 초국가적 협력체제의 근저에도 민족주의가 자리 잡고 있다고 보아야 할 것이다.

세계화는 민족주의 자체의 종말이 아닌 민족주의의 변형을 추동했을 뿐이다. 이것은 사회적 환경이 변화하면 개인의 행복 추구 방법이 변화하는 것과 같은 이치일 수 있다. 또한, 이것은 세계화 속에서도 각 민족이 자신의 고유문화와 역사적 과제를 가지는 한 민족국가의 역할은 지속적이며, 인간의 심리에 내재하고 있는 동일시 의식이 없어지지 않는 한 민족의식이 쉽게 소멸될 수 없다는 점 등에 그 연유가 있는 것 같다.

또 세계화와 민족주의는 본질적으로 상충할 수밖에 없기 때문에 세계화시대에 민족주의는 극복되어야 한다는 주장도 편협적일 수 있다. 세계사에서 민족주의는 역기능을 수행하기도 하고, 순기능을 수행하기도 했다. 민족주의가 자민족우월주의에 빠져 국수주의적, 폐쇄적, 배타적으로 나아가는 경우, 또는 자민족중심주의에 잠겨 타민족국가를 억압·침탈하고 대외 공격적인 역기능을 수행할 경우에는 민족주의가 세계화에 역행한다고 볼 수 있다. 그러나 민족주의가 악용되거나 타락하지 않고 지구의 보편적 가치를 함께 추구하고 세계시민주의를 바탕으로 하여 상호 공생공영하는 노선을 지향할 때, 민족주의와 세계화는 공존할 수 있는 것이다. 세계화와 민족주의의 공생적 만남이 이루어지게 된다.

(2) 민족주의와 세계시민주의의 융합

민족주의를 둘러싸고 진행되는 논쟁에서 핵심 쟁점이 되고 있는 것 중의 하나는 민족주의가 대외적으로 공격적인가 아닌가 하는 문제이다. 이 문제는 곧바로 민족주의가 세계시민주의와 양립가능한가 아니면 그렇지 못한가 하는 쟁점으로 이어진다. 많은 탈민족주의자들은 민족주의가 본질적으로 대외 팽창적인 성질을 갖고, 그로 인해 세계시민주의와는 근본적으로 공존할 수 없다고 주장한다. 그런데 과연 그러한가?
결론부터 말해 모든 민족주의와 모든 세계시민주의가 서로
양립할 수 없는 관계는 아니다. 상생이 가능한 것이 있는가
하면, 공생이 불가능한 것도 있다.

먼저, 자민족중심주의, 맹목적인 애국주의, 배타주의적인
민족주의는 급진적 세계시민주의든 온건한 세계시민주의든
간에 어떠한 세계시민주의와도 상생이 불가능할 수밖에 없
다. 또 세계 정부, 세계 국가를 수립하고자 하는 급진적이며
극단적인 세계시민주의는 어떠한 민족주의와도 공존할 수 없
다. 반면에 다른 민족국가와 보편적인 가치를 함께 추구하고,
세계의 공통 문제를 해결하기 위해 다른 민족국가와 상호 협
력을 지향하는 민족주의와 민족국가적 헌신과 지구공동체적
헌신을 동시에 지향하는 온건한 세계시민주의는 공생이 가능
하다.

일찍이 『영구평화론』에서 세계시민주의를 제시한 칸트I.
Kant는 개인과 마찬가지로 국가도 하나의 도덕적 인격체라고
보았다. 칸트는 도덕적 인격체인 개인의 자유와 자율성을 공
동체의 보편적 질서와 통합시키고자 했다. 마찬가지로 그는

자민족중심주의를 경계하고, 공존의 기초로 타자성의 수용을 강조하였다. 그는 민족주의와 세계시민주의를 대척점에 두고 서로를 부정하고 배척하는 대립적인 관계로 파악하지 않는다. 서로의 존재를 필요로 하면서 공존공영하는 관계로 보았다. 마이네케 역시 프랑스와 독일의 민족국가사상이 보편적 세계시민 이념을 토양으로 하여 일어났다고 본다. 그리하여 그는 민족주의와 세계시민주의를 상호 배타적이고 상호 투쟁적인 것으로만 인식하는 것을 거부하였다. 이처럼 세계시민주의를 민족주의와 대척점에 있는 것으로 보는 입장은 문제가 있다. 몇몇 민족주의자들이 외국인 혐오증, 불관용, 국수주의 그리고 식민주의 등을 찬성하지만, 대부분의 민족주의자들은 이러한 악덕들을 소유하는 데 찬성하지 않는다.

민족주의와 세계시민주의의 관계를 일종의 부분과 전체의 관계로 파악해 볼 수 있다. 이런 점에서 우리는 다른 차원의 부분과 전체의 관계를 살펴봄으로써 민족주의와 세계시민주의의 관계를 유추해 낼 수 있다. 한 가족 구성원 개인은 부분이고, 그 가족은 전체이다. 하나의 가족이 부분인 경우에 그 가족이 소속한 도道나 시市는 전체이다. 하나의 도나 시가 부분인 경우에 그 도나 시가 속한 국가는 하나의 전체이다. 여기서 각기의 부분은 그 나름의 정체성을 갖는다. 그리고 부분 그 자체에 더 많은 애정을 자연스럽게 갖는다. 그렇다고 해서 각기 소속한 전체와 분리적이거나 상호 배타적이지 않다. 인간은 자애심을 가짐과 동시에 이타심과 공정심('공평한 방관자', '공평한 심판자'로서 갖는 마음)을 가짐으로써 이기성과 사회성을 함께 갖는다. 그리하여 인간사회의 부분과 전체는 상호 불가분의 관계에서 공생공영하고 있다. 이 점은 역시 하나의 부분과 전체의 관계로 파악할 수 있는 민족주의와 세계시민주의의 관계에도 그대로 적용될 수 있다. 그리하여 민족주의와 세계시민주의주의가 융합될 수 있게 된다.

이상과 같은 연유에서, 민족주의가 가질 수 있는 폐쇄성과 민족주의가 갖는 일면적 성질인 배타성을 민족주의의 본질로 일반화함으로써 민족주의와 세계시민주의의 양립가능성을 처음부터 차단하는 것은 지나치게 성급한 것이다. 여기서 세계시민주의적 민족주의의 존립가능성을 찾을 수 있다.

(3) 백범의 민족주의사상: 세계화시대 민족주의의 길잡이

① 세계화시대의 민족주의는 무엇을 추구해야 하는가?

앞에서 우리는 세계화시대에도 민족주의가 여전히 지속적이고 유효하며, 세계화와 민족주의가 상호 분리적이거나 대립적이지 않다는 점을 확인하였다. 그러나 세계화라는 현상은 근대화가 그랬던 것처럼 큰 세계사적 변화이다. 시대가 변화하면 그 속에서 살아가는 존재도 변화하기 마련이다. 따라서 세계화시대에는 민족주의도 변화된 모습을 가져야 한다. 그러면 바람직한 세계화시대의 민족주의는 어떤 것인가?

첫째, 세계화시대의 민족주의는 시민민족주의를 추구해야 한다.

지금의 세계시간은 어디에 와 있는가? 경제적 세계시간이 신자유주의적인 시장주의라면, 정치적 세계시간은 민주화이다. 지금 세계는 헌팅턴Samuel P. Huntington이 말한 바와 같이, '제3의 민주화 물결'로 '민주주의의 세계화' 속에 있다. 세계화가 민주주의의 외연을 비약적으로 확산시킨 것이다. 민주주의의 주체는 시민이다. 외연을 확산한 민주주의의 질적 심화를 위

해서는 주체인 시민이 시민의식을 가지고 권리를 제대로 행사하고 의무를 이행하는 시민적 지위(시민성)를 가져야 한다. 따라서 세계화시대의 민족주의가 시민민족주의를 지향해야 하는 것은 당연하다고 할 수 있다.

둘째, 세계화시대의 민족주의는 문화민족주의를 추구해야 한다.

세계화의 중요한 현상으로 문화의 세계화도 있다. 최근의 활발한 지구적 문화 교류는 문화적 공존과 문화적 상호 작용 또는 일방적 침식 현상을 초래하였다. 이러한 현상은 자신의 고유한 민족문화를 보존하고 발전시키며, 동시에 다른 민족문화와 공존하면서 함께 꽃을 피우고자 하는 문화민족주의에 대한 관심을 증대시켰다. 민족문화가 민족의식 내지 민족정체성 형성의 기반으로 작동함으로써 문화민족주의는 정치적 민족주의의 토대가 되기도 한다. 이와 같은 점에 연유하여 최근에는 문화민족주의가 중시되고 있다.

셋째, 세계화시대의 민족주의는 세계시민주의적 민족주의를 추구해야 한다.

앞에서 본 바와 같이, 세계화는 지구촌화이다. 한 국가의 정치·경제·사회문제가 그 국가만의 문제로 그치지 않는다. 또 평화·자원·환경·질병·가난 등 많은 문제들이 지구촌 국가들의 공통 문제로 자리 잡았다. 그 결과, 국가 간의 상호 협력이 절실하다. 세계의 대다수 사람들을 공포 속으로 몰아넣은 코로나바이러스감염증-19 사태는 민족주의와 세계시민주의의 유기적 관계를 웅변적으로 보여 주고 있다. 국가 간의 교류가 활발한 세계화 속에서 감염성 질병의 국가 간 확산이 얼마나 빠르게 이루어지는지? 그것을 극복하기 위한 국가 간의 상호 협력이 얼마나 중요한지를 확인시켜 준다. 이와 같은 현실은 우리에게 이제는 민족주의를 개별 국가 차원의 민족주의에 매몰시키지 말고 이름을 붙이자면 '지구민족주의'로까지 확장시킬 것을 요청한다. 이처럼 세계화시대에도 민족주의는 여전히 유효하다. 그러나 세계화시대의 민족주의는 자민족중심주의, 맹목적인 애국주의, 배타주의적인 닫힌 민족주의가 아니라 다른 민족과 함께 보편적인 가치를 추구하고 공생을 지향하는 열린 민족주의로 나아가야 한다.

개인의 경우, 사회적 공동생활에서 자애심에만 함몰되어 타인의 행복에 대한 배려 없이 자신의 이익(행복)만을 추구하는 이기주의자가 되지 않아야 한다는 것은 주지의 사실이다. 마찬가지로 세계화시대의 개별 민족국가도 자기 민족국가에 대한 충성심과 자국의 행복(번영)만을 추구할 것이 아니라 다른 민족국가의 행복도 배려하는 절제된 민족주의, 달리 말해 세계시민주의적 민족주의를 지향해야 할 것이다. 이처럼 세계화시대에도 민족주의는 여전히 지속적임과 동시에 유효하고, 민족주의는 세계화 및 세계시민주의와 공존 가능하다. 다만 세계화시대의 민족주의는 세계시민주의적 민족주의가 되어야 한다.

② 백범의 민족주의사상이 세계화시대의 민족주의에 갖는 의의

위에서 우리는 세계화시대의 민족주의가 추구해야 할 것들이 무엇인가를 밝혔다. 여기서는 이러한 것들과 관련해 백범의 민족주의사상이 갖는 의의를 찾아본다.

첫째, '민주주의의 세계화' 속에서 시민민족주의를 주요 특성으로 갖는 백범의 민족주의사상이 갖는 의의는 크다.

시민민족주의는 인민주권의 원리와 공동체 성원 사이의 평등 원리를 기반으로 한다. 그래서 시민민족주의는 민주주의

와 맥을 같이 하고, 민주화와 함께하는 세계화시대는 시민민족주의를 요청한다. 우리는 백범의 민족주의사상에서 근대적이고 민주주의적인 시민민족주의의 성격을 확인한 바 있다.

둘째, 문화민족주의적 성격을 갖는 백범의 민족주의사상이 세계화시대에 주는 함의 또한 크다.

위에서 우리는 세계화시대의 민족주의가 추구해야 할 것으로 문화민족주의를 제시하였다. 또 앞에서 백범의 민족주의사상이 문화민족주의적 성격을 갖는 것도 확인한 바 있다. 따라서 백범의 민족주의사상이 세계화시대의 민족주의와 관련해 갖는 의의는 크다.

셋째, 세계시민주의적 민족주의 성격을 갖는 백범의 민족주의사상은 세계화시대의 민족주의가 나아가야 할 길을 제시해 준다는 점에서 안내자적 가치를 갖는다.

앞의 '세계시민주의적 민족주의' 부분에서 백범의 대동주의적 민족국가를 세계시민주의적 민족주의와 관련하여 살펴보았다. 그 분석을 통해 우리는 그의 민족주의사상이 세계시민주의적 민족주의의 성격을 갖는 것으로 평가했다. 백범의 민족주의사상은 개별 민족국가의 독립과 발전을 추구하는 것에 그치지 않는다. 세계 인류의 안녕과 행복 구현을 위한 개별 민족국가의 공생공영과 상호 협력으로까지 나아간다. 이러한 점에서 볼 때, 개별 민족국가들의 상호 협력이 절실히 요청되는 세계화시대에 백범의 민족주의사상이 갖는 의의는 큰 것으로 평가할 수 있다.

3) 요약과 평가

지금까지 우리는 백범의 민족주의사상이 갖는 주요 특성은 무엇인가, 그의 민족주의사상이 세계화시대에 갖는 의미는 무엇인가에 대해 살펴보았다. 여기서는 지금까지의 고찰 내용들을 요약하면서 그의 민족주의사상이 오늘날과 같은 세계화시대와 세계화시대의 민족주의 및 한국민족주의와 관련하여 갖는 의의를 밝혀 보고자 한다.

① 백범의 민족주의사상은 종족적 시민민족주의의 성격을 갖는다

여기서 백범의 민족주의사상을 종족적인 성격을 갖는 것으로 보는 까닭은 그가 민족의 형성 기반을 종족성에 두기 때문이다. 그는 종족을 혈통과 역사, 언어 및 문화를 함께하는 공동운명체로 인식하였다. 이뿐만 아니라 그에게 민족은 종족임과 동시에 민족 성원은 민주국가의 시민이 되어야 한다. 민족 성원은 누구나 평등한 존재로서 정치에 참여할 수 있는 권리를 갖는 주권자인 것이다. 다만, 백범의 종족적 시민민족주의에는 순혈주의적인 성격이 담겨 있기도 하다. 이 점은 오늘날과 같은 세계화시대에는 지양되어야 할 것이다.

최근 상당수 탈민족주의자들이 민족주의의 부정적인 경향, 즉 개인의 다양성을 말살하고, 개인의 권리를 제한·억압하는 전체주의적 민족주의화 경향을 강조하면서 민족주의로부터 이탈해야 한다고 주장한다. 그러나 위에서 본 바와 같이, 백범의 민족주의사상에서는 민족주의의 부정적인 경향이 차단되고 있다. 또 많은 지식인들은 민족주의의 부정적 성향을 순화시킨 시민민족주의를 바람직한 민족주의의 모습으로 제시한다. 이와 같은 점을 연관시켜 볼 때, '민주주의의 세계화'가 현상적 특징의 하나인 세계화시대에 백범의 민족주의사상이 갖는 의의는 크다고 할 수 있다.

② 백범의 민족주의사상은 문화민족주의적 성격을 갖는다

문화민족주의는 개별 민족문화의 고유성과 개별성을 중시하고, 민족문화의 보존과 발전을 추구하는 민족주의의 한 양식이다. 최근의 세계화 현상에서 국제적 문화 교류가 활발하게 전개됨에 따라 문화적 공존이나 상호 작용 또는 일방적인 문화적 침식 현상이 광범위하게 일어남으로써 문화민족주의에 대한 논의가 활발하다. 이 논의에서 문화민족주의의 의의가 강조되기도 하고, 문화민족주의의 부정적인 경향, 즉 배타적 문화민족주의나 문화제국주의로 나아갈 수 있는 가능성에 대한 우려가 높아지기도 한다.

이와 관련해 볼 때, 백범의 문화민족주의는 개별 민족문화의 보존과 발전을 추구함에도 불구하고, 개별 민족문화의 고유성과 평등성을 전제함으로써 자민족우월주의나 자민족중심주의에 기초한 국수주의적 배타적 문화민족주의나 문화제국주의와는 근본적으로 차별된다. 이 점에서 우리는 백범의 민족주의사상이 세계화시대에 주는 함의를 찾을 수 있다.

③ 백범의 민족주의사상은
　세계시민주의적 민족주의의 성격을 갖는다

세계화시대의 민족주의는 자민족중심주의, 자민족우월주의, 맹목적인 애국주의, 배타주의 등에 기초하는 닫힌 민족주의가 되지 않아야 한다. 다른 민족과 보편적인 가치를 추구하고 공생을 지향하는 세계시민주의적 민족주의로 나아가야 한다.

이와 같은 세계시민주의적 민족주의의 모습을 우리는 백범의 민족주의사상에서 찾을 수 있다. 그가 지향한 민족주의는 평등한 민족독립국가들이 세계일가주의에 기초하여 상부상조하면서 함께 번영하고 세계평화를 추구하는 민족주의이다. 이러한 그의 민족주의사상은 세계화시대의 민족주의가 나아가야 할 길을 제시한다는 점에서 의의가 크다고 할 수 있다.

다음으로 백범의 민족주의사상은 한국민족주의와 관련하여 아래와 같은 의의를 갖는다.

① 그의 민족주의사상에서는 민족(국가)의 자주성이 강조되

고 있다. 세계화시대의 민족주의가 지향해야 할 바를 언급할 때 대부분의 경우에 개방성만이 강조되고 자주성은 간과된다. 세계화는 개별 국가의 국가발전 추구를 태생적 요인으로 한다. 이러한 세계화시대에 주체적으로 민족의식을 형성하고, 민족국가의 의지(대내외정책)를 수립하여 실천하는 일이 어느 때보다도 긴요하다. 이 점에서 세계화시대의 한국민족주의는 민족국가의 자주성을 중시하는 백범의 민족주의사상을 음미해 볼 필요가 있을 것이다.

② 백범이 지향한 국가는 모든 국민의 인권과 자유와 평등과 복지가 구현되는 민주국가임과 동시에 고유한 민족문화가 꽃피는 자주독립의 민족국가이다. 그리고 이 민족국가는 어디까지나 세계일가주의에 기반을 두고 대동주의를 추구하는 국가이다. 이처럼 그의 민족주의사상은 대내적으로는 민주주의적이고 대외적으로는 세계시민주의적인 성격을 갖는다.

인간이 지금까지 고안해 낸 정치 이념과 정치체제 중에서 민주주의는 뛰어난 것이다. 또 세계화, 즉 지구촌화는 밝은 측면과 어두운 측면을 함께 갖는 이 시대의 세계사적 흐름이다. 따라서 지금 이 시대의 한국민족주의가 지향해야 할 바는 민주주의와 세계시민주의를 추구하는 민족주의, 다시 말해 시민민족주의와 세계시민주의적 민족주의이다. 이러한 점에서 백범의 민족주의사상은 오늘의 한국민족주의가 나아가야 할 길을 제시해 주는 훌륭한 안내자가 될 수 있다.

③ 백범은 문화민족주의를 특히 강조하였다. 앞서 말했듯 세계화시대에는 지구적 문화 교류가 활발하게 일어나고, 그 속에서 상호 작용 또는 일방적인 문화 침식이 심하다. 이러한 지구적 문화 교류 속에서 우리는 우리의 민족문화를 형성하고, 그것을 보존·발전시켜야 한다. 또 문화는 정치·경제·사회생활의 기반이다. 그래서 문화민족주의는 정치적 민족주의보다 근원적이다. 이상의 점들에서 볼 때, 백범의 문화민족주의가 오늘의 한국민족주의에게 주는 함의는 크다고 할 수 있다.

부록

「나의 소원」

충칭 임시정부 시절의 백범

민족국가

"네 소원이 무엇이냐?" 하고 하느님이 내게 물으시면, 나는 서슴지 않고 "내 소원은 대한 독립이오." 하고 대답할 것이다. "그 다음 소원은 무엇이냐?" 하면, 나는 또 "우리나라의 독립이오." 할 것이요, 또, "그 다음 소원이 무엇이냐?" 하는 세 번째 물음에도, 나는 더욱 소리를 높여서, "나의 소원은 우리나라 대한의 완전한 자주독립이오." 하고 대답할 것이다.

동포 여러분!

나 김구의 소원은 이것 하나밖에는 없다. 내 과거의 칠십 평생을 이 소원을 위해 살아왔고, 현재에도 이 소원 때문에 살고 있으며, 미래에도 나는 이 소원을 이루려고 살 것이다. 칠십 평생을 독립이 없는 나라의 백성으로 서러움과 부끄러움과 애타는 마음을 가졌던 나에게, 세상에서 가장 좋은 것은 완전하게 자주독립한 나라의 백성으로 살아 보다가 죽는 일이다. 나는 일찍이 우리 독립정부의 문지기가 되기를 원하였는데, 그것은 우리나라가 독립국만 되면 나는 그 나라에서 가장 미천한 자가 되어도 좋다는 뜻이다. 왜냐하면, 독립한 제 나라의 빈천이 남의 밑에 사는 부귀보다 기쁘고, 영광스럽고, 희망이 많기 때문이다.

옛날, 일본에 갔던 신라의 충신 박제상朴堤上이, "내 차라리 계림鷄林(신라)의 개, 돼지가 될지언정 왜왕倭王의 신하로 부귀를 누리지 않겠다."라고 한 것이 그의 진정이었던 것을 나는 안다. 왜왕이 높은 벼슬과 많은 재물을 준다는 것도 거절하고 기꺼이 죽음을 택한 것은, "차라리 내 나라의 귀신이 되리라." 하는 의지 때문이었다.

근래에 우리 동포 중에는 우리나라가 어느 이웃나라의 연방이 되기를 소원하는 사람이 있다 하니, 나는 그 말을 차마 믿고 싶지 않지만, 만일 진실로 그러한 사람이 있다고 한다면, 그는 제정신을 잃은 미친놈이라고밖에 볼 수 없다. 나는 공자·석가·예수의 도를 배웠고 그들을 성인聖人으로 숭배하지만, 그들이 합하여서 세운 천당·극락이 있다 하더라도 그것이 우리 민족이 세운 나라가 아니기 때문에, 나는 우리 민족을 그 나라로 끌고 들어가지 않을 것이다. 왜냐하면, 피와 역사를 같이하는 민족이란 완연히 있는 것이어서, 내 몸이 남의 몸이 될 수 없는 것과 같이 이 민족이 저 민족이 될 수 없는 것은, 마치 형제도 한집에서 살기 어려운 것과 같은 것이다. 둘 이상이 합하여서 하나가 되자면 하나는 높고 하나는 낮아서, 하나는 위에 있어서 명령하고, 하나는 밑에 있어서 복종하는 것이 근본 문제가 되는 것이다.

이에 대하여 일부 소위 좌익의 무리는 혈통의 조국을 부인하고 소위 사상의 조국을 말하며, 혈족의 동포를 무시하고 소위 사상의 동무와 프롤레타리아트의 국제적 계급을 주장하여, 민족주의라면 마치 이미 진리권 밖의 생각인 것 같이 말하고 있다. 그러나 이것은 심히 어리석은 생각이다. 철학도 변하고 정치·경제의 학설도 일시적이지만, 민족의 혈통은 영구적이다. 일찍이 어느 민족 안에서나 혹은 종교로, 혹은 학설로, 혹은 경제적·정치적 이해의 충돌로 두 파, 세 파로 갈려서 피로써 싸운 일이 없는 민족이 없지만, 지내 놓고 보면 그것은 바람과 같이 지나가는 일시적인 것이요, 결국에는 바람이 잠 잠해진 뒤의 풀과 나무들처럼 뿌리와 가지를 서로 걸고 한 수

풀을 이루어 살고 있는 것이다. 오늘날 소위 좌우익이란 것도 결국 영원한 혈통의 바다에서 일어나는 일시적인 풍파에 불과하다는 것을 잊지 말아야 한다.

이처럼 모든 사상도 가고 신앙도 변한다. 그러나 혈통적인 민족만은 영원히 성쇠흥망의 공동 운명의 인연에 얽힌 한 몸으로 이 땅 위에 살아가는 것이다. 세계 인류가 네요 내요 없이 한집이 되어 사는 것은 좋은 일이요, 인류의 최고요 최후인 희망이요 이상이다. 그러나 이것은 멀고 먼 장래에 바랄 것이지 현실의 일은 아니다. 사해동포四海同胞의 크고 아름다운 목표를 향하여 인류가 향상하고 전진하는 노력을 하는 것은 좋은 일이고 마땅히 할 일이나, 이것도 현실을 떠나서는 안 되는 일이니, 현실의 진리는 민족마다 최선의 국가를 이루어 최선의 문화를 낳아 길러서, 다른 민족과 서로 바꾸고 서로 돕는 일이다. 이것이 내가 믿고 있는 민주주의요, 이것이 인류의 현 단계에서는 가장 확실한 진리다.

그러므로 우리 민족의 최고의 임무는, 첫째로 남의 절제(간섭)도 아니 받고 남에게 의지도 하지 않는, 완전한 자주독립의 나라를 세우는 일이다. 이것이 없이는 우리 민족의 생활을 보장할 수 없을뿐더러, 우리 민족의 정신력을 자유로이 발휘하여 빛나는 문화를 세울 수 없기 때문이다. 이렇게 완전한 자주독립의 나라를 세운 뒤에는, 둘째로 이 지구상의 인류가 진정한 평화와 행복을 누릴 수 있는 사상을 낳아 그것을 먼저 우리나라에 실현하는 것이다.

나는 오늘날, 인류의 문화가 불완전함을 안다. 나라마다 안으로는 정치상·경제상·사회상으로 불평등·불합리가 있고, 밖으로는 나라와 나라의, 민족과 민족의 시기·알력·침략, 그리고 그 침략에 대한 보복으로 크고 작은 전쟁이 그칠 사이가 없어서, 많은 생명과 재물을 희생하고도 좋은 일이 오는 것이 아니라 인심의 불안과 도덕의 타락은 갈수록 더하니, 이래 가지고는 전쟁이 그칠 날이 없어 인류는 마침내 멸망하고 말 것이다. 그러므로 인류 세계에는 새로운 생활 원리의 발견과 실천이 필요하게 되었다. 이것이야말로 우리 민족이 담당한 천직이라고 믿는다. 이러하므로 우리 민족의 독립이란 결코 삼천리 삼천만의 일이 아니라 진실로 세계 전체의 운명에 관한 일이요, 그러므로 우리나라의 독립을 위하여 일하는 것이 곧 인류를 위하여 일하는 것이다.

만일, 우리의 오늘날 형편이 초라한 것을 보고 스스로 비하하는 자굴지심自屈之心으로, 우리가 세우는 나라가 그처럼 위대한 일을 할 것을 의심한다면 그것은 스스로 모욕하는 일이다. 우리 민족의 지나간 역사가 빛나지 아니함이 아니나, 그것은 아직 서곡序曲이었다. 우리가 주연 배우로 세계 역사의 무대에 나서는 것은 오늘 이후다. 삼천만 우리 민족이 옛날 그리스 민족이나 로마 민족이 한 일을 못 한다고 생각할 수 있겠는가.

내가 원하는 우리 민족의 사업은 결코 세계를 무력으로 정복하거나 경제력으로 지배하려는 것이 아니다. 오직 사랑의 문화, 평화의 문화로 우리 스스로 잘 살고, 인류 전체가 의좋게 즐겁게 살도록 하자는 것이다. 어느 민족도 일찍이 그러한 일을 한 이가 없었으니 그것은 공상이라고 하지 말라. 일찍이 아무도 한 자가 없기에 우리가 하자는 것이다. 이 큰 일은 하늘이 우리를 위하여 남겨 놓으신 것이라고 깨달을 때 우리 민족은 비로소 제 길을 찾고 제 일을 알아본 것이다.

나는 우리나라의 청춘 남녀가 모두 과거의 조그맣고 좁은 생각을 버리고, 우리 민족의 큰 사명에 눈을 떠서, 기꺼이 제

마음을 닦고 제 힘을 기르기를 바란다. 젊은 사람들이 모두
이 정신을 가지고 이 방향으로 힘을 쓴다면 삼십 년이 못 되
어, 우리 민족은 눈부시게 발전하게 될 것이라고 나는 확신하
는 바이다.

정치 이념

　나의 정치 이념은 한마디로 표시하면 자유다. 우리가 세우
는 나라는 자유의 나라라야 한다.

　자유란 무엇인가? 절대로 각 개인이 제멋대로 사는 것을 자
유라 하면 이것은 나라가 생기기 전이나, 저 레닌의 말 모양으
로 나라가 소멸된 뒤에나 있는 일이다. 국가 생활을 하는 인
류에게는 이러한 무조건의 자유는 없다. 왜 그런고 하면, 국
가란 일종의 규범의 속박이기 때문이다. 국가 생활을 하는 우
리를 속박하는 것은 법이다. 개인의 생활이 국법에 속박되는
것은 자유 있는 나라나 자유 없는 나라나 마찬가지다. 자유와
자유 아님이 갈리는 것은 개인의 자유를 속박하는 법이 어디
서 오느냐 하는 데 달렸다. 자유 있는 나라의 법은 국민의 자

유로운 의사에서 오고, 자유 없는 나라의 법은 국민 중의 어떤 일개인, 또는 한 계급에서 온다. 일개인에서 오는 것을 전제 또는 독재라 하고, 한 계급에서 오는 것을 계급독재라 하고 통칭 파쇼라고 한다.

나는 우리나라가 독재의 나라가 되기를 원치 아니한다. 독재의 나라에서는 정권에 참여하는 계급 하나를 제외하고는 다른 국민은 노예가 되고 마는 것이다. 독재 중에서 가장 무서운 독재는 어떤 주의, 즉 철학을 기초로 하는 계급 독재다. 군주나 기타 개인 독재자의 독재는 그 개인만 제거되면 그만이거니와, 다수의 개인으로 조직된 한 계급이 독재의 주체일 때에는 이것을 제거하기는 심히 어려운 것이니, 이러한 독재는 그보다도 큰 조직의 힘이거나 국제적 압력이 아니고는 깨뜨리기 어려운 것이다.

우리나라의 양반 정치도 일종의 계급 독재이거니와 이것은 수백 년을 계속하였다. 이탈리아의 파시스트, 독일의 나치스의 일은 누구나 다 아는 일이다. 그러나 모든 계급 독재 중에도 가장 무서운 것은 철학을 기초로 한 계급 독재다. 수백 년 동안 이조 조선에 행하여 온 계급 독재는 유교, 그중에도 주자학파의 철학을 기초로 한 것이어서, 다만 정치에 있어서만 독재가 아니라 사상, 학문, 사회생활, 가정생활, 개인생활까지도 규정하는 독재였다. 이 독재정치 밑에서 우리 민족의 문화는 소멸되고 원기는 마멸된 것이다. 주자학 이외의 학문은 발달하지 못하니 이 영향은 예술, 경제, 산업에까지 미쳤다. 우리나라가 망하고 민력이 쇠잔하게 된 가장 큰 원인이 실로 여기 있었다. 왜 그런고 하면 국민의 머릿속에 아무리 좋은 사상과 경륜이 생기더라도 그가 집권계급의 사람이 아닌 이상, 또 그것이 사문난적斯文亂賊이라는 범주 밖에 나지 않는 이상 세상에 발표되지 못하기 때문이었다. 이 때문에 싹이 트려다가 눌려 죽은 새 사상, 싹도 트지 못하고 밟혀 버린 경륜이 얼마나 많았을까. 언론의 자유가 얼마나 중요한 것임을 통감하지 아니할 수 없다. 오직 언론의 자유가 있는 나라에만 진보가 있는 것이다.

시방 공산당이 주장하는 소련식 민주주의란 것은 이러한 독재정치 중에서도 가장 철저한 것이어서, 독재정치의 모든 특징을 극단으로 발휘하고 있다. 즉 헤겔에게서 받은 변증법, 포이에르바하(포이어바흐)의 유물론 이 두 가지와, 애덤 스미스의 노동가치론을 가미한 마르크스의 학설을 최후의 것으로 믿어, 공산당과 소련의 법률과 군대와 경찰의 힘을 한데 모아서 마르크스의 학설에 일점일획一点一劃이라도 반대는 고사하고 비판만 하는 것도 엄금하여 이에 위반하는 자는 죽음의 숙청으로써 대하니, 이는 옛날에 조선의 사문난적에 대한 것 이상이다. 만일 이러한 정치가 세계에 퍼진다면 전 인류의 사상은 마르크스주의 하나로 통일될 법도 하거니와, 설사 그렇게 통일이 된다 하더라도 그것이 불행히 잘못된 이론일진대, 그런 큰 인류의 불행은 없을 것이다. 그런데 마르크스 학설의 기초인 헤겔의 변증법 이론이란 것이 이미 여러 학자의 비판으로 말미암아 전면적 진리가 아닌 것이 알려지지 아니하였는가. 자연계의 변천이 변증법에 의하지 아니함은 뉴턴, 아인슈타인 등 모든 과학자들의 학설을 보아서 분명하다.

그러므로 어느 한 학설을 표준으로 하여서 국민의 사상을 속박하는 것은 어느 한 종교를 국교로 정하여서 국민의 신앙을 강제하는 것과 마찬가지로 옳지 아니한 일이다. 산에 한 가지 나무만 나지 아니하고, 들에 한 가지 꽃만 피지 아니한다. 여러 가지 나무가 어울려서 위대한 삼림의 아름다움을 이루고 백 가지 꽃이 섞여 피어서 봄들의 풍성한 경치를 이루는 것이다. 우리가 세우는 나라에는 유교도 성하고, 불교도, 예수교도 자유로 발달하고, 또 철학을 보더라도 인류의 위대한 사상이 다 들어와서 꽃이 피고 열매를 맺게 할 것이니, 이렇게 하고서만 비로소 자유의 나라라 할 것이요. 이러한 자유의 나라에서만 인류의 가장 크고 가장 높은 문화가 발생할 것이다.

나는 노자老子의 무위無爲를 그대로 믿는 자는 아니거니와, 정치에 있어서 너무 인공을 가하는 것을 옳지 않게 생각하는 자이다. 대개 사람이란 전지전능할 수가 없고 학설이란 완전무결할 수 없는 것이므로, 한 사람의 생각, 한 학설의 원리로 국민을 통제하는 것은 일시 빠른 진보를 보이는 듯하더라도 필경은 병통이 생겨서 그야말로 변증법적인 폭력의 혁명을 부르게 되는 것이다. 모든 생물에는 다 환경에 순응하여 저를 보존하는 본능이 있으므로 가장 좋은 길은 가만히 두는 것이다. 작은 꾀로 자주 건드리면 이익보다도 해가 많다. 개인 생활에 너무 잘게 간섭하는 것은 결코 좋은 정치가 아니다. 국민은 군대의 병정도 아니요, 감옥의 죄수도 아니다. 한 사람 또 몇 사람의 호령으로 끌고 가는 것이 극히 부자연하고 또 위태한 일인 것은, 파시스트 이탈리아와 나치스 독일이 불행하게도 가장 잘 증명하고 있지 아니한가.

　미국은 이러한 독재국에 비겨서는 심히 통일이 무력한 것 같고 일의 진행이 느린 듯하여도, 그 결과로 보건대 가장 큰 힘을 발하고 있으니 이것은 그 나라의 민주주의 정치의 효과이다. 무슨 일을 의논할 때에 처음에는 백성들이 저마다 제 의견을 발표하여서 훤훤효효喧喧囂囂하여 귀일歸-할 바를 모르는 것 같지만, 갑론을박으로 서로 토론하는 동안에 의견이 차차 정리되어서 마침내 두어 큰 진영으로 포섭되었다가, 다시 다수결의 방법으로 한 결론에 달하여 국회에서 결의가 되고, 원수의 결재를 얻어 법률이 이루어지면, 이에 국민의 의사가 결정되어 요지부동하게 되는 것이다. 이 모양으로 민주주의란 국민의 의사를 알아보는 한 절차 또는 방식이요. 그 내용은 아니다. 즉 언론의 자유, 투표의 자유, 다수결에 복종, 이 세 가지가 곧 민주주의이다. 국론, 즉 국민의 의사의 내용은 그때그때의 국민의 언론전으로 결정되는 것이어서, 어느 개인이나 당파의 특정한 철학적 이론에 좌우되는 것이 아님이 미국식 민주주의의 특색이다. 다시 말하면 언론, 투표, 다수결 복종이라는 절차만 밟으면 어떠한 철학에 기초한 법률도,

정책도 만들 수 있으니, 이것을 제한하는 것은 오직 그 헌법의 조문뿐이다. 그런데 헌법도 결코 독재국의 그것과 같이 신성불가침의 것이 아니라, 민주주의의 절차로 개정할 수가 있는 것이니, 이러므로 민주, 즉 백성이 나라의 주권자라고 하는 것이다. 이러한 나라에서 국론을 움직이려면 그중에서 어떤 개인이나 당파를 움직여서 되지 아니하고, 그 나라 국민의 의견을 움직여서 된다.

백성들의 작은 의견은 이해관계로 결정되거니와, 큰 의견은 그 국민성과 신앙과 철학으로 결정된다. 여기서 문화와 교육의 중요성이 생긴다. 국민성을 보존하는 것이나 수정하고 향상하는 것이 문화와 교육의 힘이요, 산업의 방향도 문화와 교육으로 결정됨이 큰 까닭이다. 교육이란 결코 생활의 기술을 가르치는 것만을 의미하는 것이 아니다. 교육의 기초가 되는 것은 우주와 인생과 정치에 대한 철학이다. 어떠한 철학의 기초 위에 어떠한 생활의 기술을 가르치는 것이 곧 국민교육이다. 그러므로 좋은 민주주의의 정치는 좋은 교육에서 시작될 것이다. 건전한 철학의 기초 위에 서지 아니한 지식과 기술의 교육은 그 개인과 그를 포함한 국가에 해가 된다. 인류 전체를 보아도 그러하다.

　이상에 말한 것으로 내 정치 이념이 대강 짐작될 것이다. 나는 어떠한 의미로든지 독재정치를 배격한다. 나는 우리 동포를 향하여서 부르짖는다. 결코 독재정치가 안 되도록 조심하라고, 우리 동포 각 개인이 십분의 언론 자유를 누려서 국민 전체의 의견대로 되는 정치를 하는 나라를 건설하자고, 일부 당파나 어떤 한 계급의 철학으로 다른 다수를 강제함이 없고, 또 현재의 우리들의 이론으로 우리 자손의 사상과 신앙의 자유를 속박함이 없는 나라, 천지와 같이 넓고 자유로운 나라, 그러면서도 사랑의 덕과 법의 질서가 우주 자연의 법칙과 같이 준수되는 나라가 되도록 우리나라를 건설하자고. 그렇다고 나는 미국의 민주주의 제도를 그대로 직역하자는 것은 아니다. 다만 소련의 독재적인 민주주의에 대하여 미국의 언론 자유적인 민주주의를 비교하여서 그 가치를 판단하였을 뿐이다. 둘 중에서 하나를 택한다면 사상과 언론의 자유를 기초로 한 자를 취한다는 말이다.
　나는 미국의 민주주의 정치제도가 반드시 최후적인 완성된 것이라고는 생각지 아니한다. 인생의 어느 부분이나 다 그러함과 같이 정치형태에 있어서도 무한한 창조적 진화가 있을 것이다. 그러나 우리나라와 같이 반만년 이래로 여러 가지 국가형태를 경험한 나라에는 결점도 많으려니와, 교묘하게 발달된 정치제도도 없지 아니할 것이다. 가까이 이조시대로 보더라도 홍문관弘文館, 사간원司諫院, 사헌부司憲府 같은 것은 국민중에 현인賢人의 의사를 국정에 반영하는 제도로 멋있는 제도요, 과거제도와 암행어사 같은 것도 연구할 만한 제도다. 역대의 정치제도를 상고하면 반드시 쓸 만한 것도 많으리라고 믿는다. 이렇게 남의 나라의 좋은 것을 취하고, 내 나라의 좋은 것을 골라서 우리나라에 독특한 좋은 제도를 만드는 것도 세계의 문운文運에 보태는 일이다.

내가 원하는 우리나라

나는 우리나라가 세계에서 가장 아름다운 나라가 되기를 원한다. 가장 부강한 나라가 되기를 원하는 것은 아니다. 내가남의 침략에 가슴이 아팠으니, 내 나라가 남을 침략하는 것을 원치 아니한다. 우리의 부력富力은 우리의 생활을 풍족히 할 만하고, 우리의 강력은 남의 침략을 막을 만하면 족하다. 오직 한없이 가지고 싶은 것은 높은 문화의 힘이다. 문화의 힘은 우리 자신을 행복하게 하고, 나아가서 남에게 행복을 줄 것이기 때문이다. 지금, 인류에게 부족한 것은 무력도 아니요, 경제력도 아니다. 자연과학의 힘은 아무리 많아도 좋으나 인류 전체로 보면 현재의 자연과학만 가지고도 편안히 살아가기에 넉넉하다.

인류가 현재에 불행한 근본 이유는 인의가 부족하고 자비가 부족하고 사랑이 부족하기 때문이다. 이 마음만 발달이 되면 현재의 물질력으로 20억이 다 편안히 살아갈 수 있을 것이다. 인류의 이 정신을 배양하는 것은 오직 문화이다.

나는 우리나라가 남의 것을 모방하는 나라가 되지 말고 이러한 높고 새로운 문화의 근원이 되고 목표가 되고 모범이 되기를 원한다. 그래서 진정한 세계의 평화가 우리나라에서, 우리나라로 말미암아서 세계에 실현되기를 원한다. 홍익인간이라는 우리 국조 단군의 이상이 이것이라고 믿는다.

또, 우리 민족의 재주와 정신과 과거의 단련이 이 사명을 달성하기에 넉넉하고, 우리 국토의 위치와 기타의 지리적 조건이 그러하며, 또 1차, 2차의 세계대전을 치른 인류의 요구가 그러하며, 이러한 시대에 새로 나라를 고쳐 세우는 우리의 서 있는 시기가 그러하다고 믿는다. 우리 민족이 주연 배우로 세계 무대에 등장할 날이 눈앞에 보이지 아니하는가.

이 일을 하기 위하여 우리가 할 일은 사상의 자유를 확보하는 정치 양식의 건립과 국민교육의 완비다. 내가 위에서 자유와 나라를 강조하고 교육의 중요성을 말한 것이 이 때문이다. 최고 문화 건설의 사명을 달성할 민족은 일언이폐지하면 모두 성인聖人을 만드는 데 있다. 대한大韓 사람이라면 간 데마다 신용을 받고 대접을 받아야 한다.

우리의 적이 우리를 누르고 있을 때에는 미워하고 분해하는 살벌, 투쟁의 정신을 길렀지만, 적은 이미 물러갔으니 우리는 증오의 투쟁을 버리고 화합의 건설을 일삼을 때다. 집안이 불화하면 망하고 나라 안이 갈려서 싸우면 망한다. 동포 간의 증오와 투쟁은 망조다. 우리의 용모에서는 화기가 빛나야 한다. 우리 국토 안에는 언제나 춘풍이 태탕駘蕩하여야 한다. 이것은 우리 국민 각자가 한번 마음을 고쳐먹음으로써 되고, 그러한 정신의 교육으로 영속될 것이다. 최고 문화로 인류의 모범이 되기로 사명을 삼는 우리 민족의 각원各員은 이기적 개인주의자여서는 안 된다. 우리는 개인의 자유를 극도로 주장하되, 그것은 저 짐승들과 같이 저마다 제 배를 채우기에 쓰는 자유가 아니요, 제 가족을, 제 이웃을, 제 국민을 잘 살게 하기에 쓰이는 자유다. 공원의 꽃을 꺾는 자유가 아니라 공원에 꽃을 심는 자유다.

우리는 남의 것을 빼앗거나 남의 덕을 입으려는 사람이 아니라 가족에게, 이웃에게, 동포에게 주는 것으로 낙을 삼는 사람이다. 우리말에 이른바 선비요, 점잖은 사람이다. 그러므로 우리는 게으르지 아니하고 부지런하다. 사랑하는 처자를 가진 가장은 부지런할 수밖에 없다. 한없이 주기 위함이다. 힘든 일은 내가 앞서 하니 사랑하는 동포를 아낌이요, 즐거운 것은 남에게 권하니 사랑하는 자를 위하기 때문이다. 우리 조상들이 좋아하던 인후지덕仁厚之德이란 것이다.

이러함으로써 우리나라의 산에는 삼림이 무성하고 들에는 오곡백과가 풍성하며, 촌락과 도시는 깨끗하고 풍성하고 화평할 것이다. 그리하여 우리 동포, 즉 대한 사람은 남자나 여

자나 얼굴에는 항상 화기가 있고, 몸에서는 덕의 향기를 발할 것이다. 이러한 나라는 불행하려 하여도 불행할 수 없고 망하려 하여도 망할 수 없는 것이다.

민족의 행복은 결코 계급투쟁에서 오는 것도 아니요, 개인의 행복이 이기심에서 오는 것이 아니다. 계급투쟁은 끝없는 계급투쟁을 낳아서 국토에 피가 마를 날이 없고, 내가 이기심으로 남을 해하면 천하가 이기심으로 나를 해할 것이니, 이것은 조금 얻고 많이 빼앗기는 법이다. 일본이 이번에 당한 보복은 국제적, 민족적으로도 그러함을 증명하는 가장 좋은 실례다.

이상에서 말한 것은 내가 바라는 새 나라 용모의 일단을 그린 것이거니와, 동포 여러분! 이러한 나라가 될진대 얼마나 좋겠는가. 우리네 자손을 이러한 나라에 남기고 가면 얼마나 만족하겠는가. 옛날 한토漢土의 기자箕子가 우리나라를 사모하여 왔고, 공자께서도 우리 민족이 사는 데 오고 싶다고 하였으며, 우리 민족을 인仁을 좋아하는 민족이라 하였으니, 옛날에도 그러하였거니와, 앞으로도 세계 인류가 모두 우리 민족의 문화를 이렇게 사모하도록 하지 아니하려는가. 나는 우리의 힘으로, 특히 교육의 힘으로 반드시 이 일이 이루어질 것을 믿는다. 우리나라의 젊은 남녀가 다 이 마음을 가질진대 아니 이루어지고 어찌하랴.

나도 일찍 황해도에서 교육에 종사하였거니와, 내가 교육에서 바라던 것이 이것이었다. 내 나이 이제 칠십이 넘었으니 직접 국민교육에 종사할 시일이 넉넉지 못하거니와, 나는 천하의 교육자와 남녀 학도들이 한번 크게 마음 고쳐먹기를 빌지 아니할 수 없다.

1947년
새문 밖에서